マンガ

初代 伊藤忠兵衛

伊藤忠商事・丸紅の創業者

幕末・維新の日本を「商人道」でひらく

監修：宇佐美 英機
（滋賀大学名誉教授）
編著：紅忠 株式会社
作画：かわの いちろう

もくじ

おお…今日《きょう》は一段《いちだん》とよう見《み》えるわ

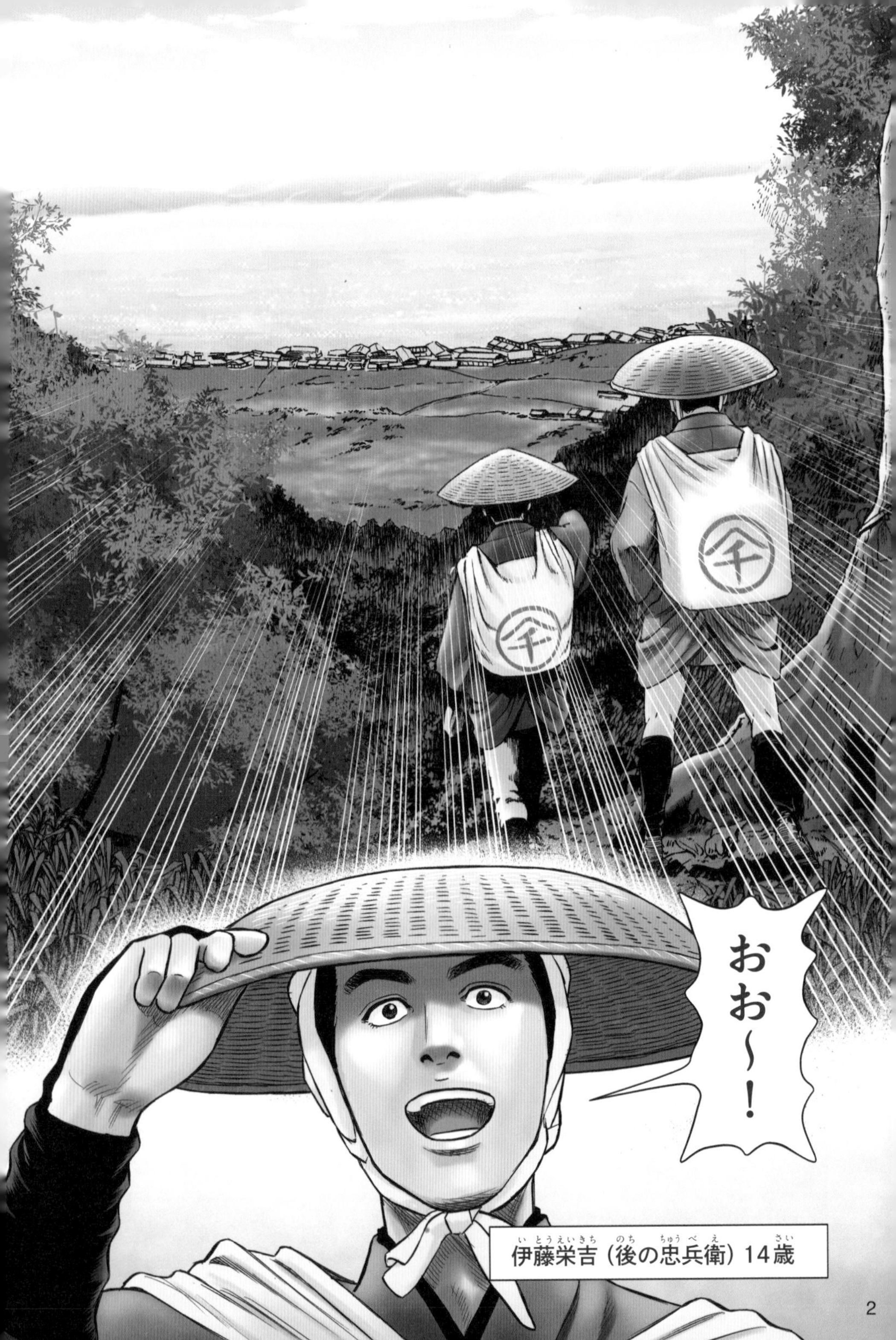
おお〜！
伊藤栄吉《いとうえいきち》（後《のち》の忠兵衛《ちゅうべえ》）14歳《さい》

いつ見《み》てもきれいやなあ。わしはここから見《み》る琵琶湖《びわこ》がいちばん好《す》きなんや
伊藤万治郎《いとうまんじろう》（栄吉《えいきち》の兄《あに》）24歳《さい》
わしもや
伊藤忠兵衛《いとうちゅうべえ》は1842（天保《てんぽう》13）年《ねん》※7月《がつ》2日《か》、近江国《おうみのくに》の彦根藩《ひこねはん》犬上郡《いぬかみぐん》八目村《はちめむら》（現《げん》・滋賀県《しがけん》犬上郡豊郷町八目《いぬかみぐんとよさとちょうはちめ》）にて生《う》まれました。
……でも

※7月《がつ》2日《か》…新暦《しんれき》では8月《がつ》7日《か》。以下《いか》明治《めいじ》5年《ねん》まですべて旧暦《きゅうれき》で記載《きさい》。

こんなに広《ひろ》うても海《うみ》やなくて湖《みずうみ》なんや
わしは早《はよ》うあの向《む》こうへ行《い》ってみたいんや
Marubeni
ITOCHU
〝琵琶湖《びわこ》の向《む》こう側《がわ》〟にあこがれるこの若者《わかもの》は、現在《げんざい》、日本《にほん》の※五大商《ごだいしょう》社《しゃ》の2社《しゃ》を占《し》める「伊藤忠商事《いとうちゅうしょうじ》」と「丸紅《まるべに》」の創業者《そうぎょうしゃ》です。

※五大商社《ごだいしょうしゃ》…伊藤忠商事《いとうちゅうしょうじ》・丸紅《まるべに》・三井物産《みついぶっさん》・三菱商事《みつびししょうじ》・住友商事《すみともしょうじ》が含《ふく》まれる。

また
それか
まずは※地商《じあきな》いが
ちゃんとできるように
ならんとな
スッ
今日《きょう》はたまたま
わしも一緒《いっしょ》やから
起《お》こしたったけど……
い～つも寝坊《ねぼう》してる
やないか
う…
兄者《あにじゃ》、
待《ま》ってくれ
伊藤家《いとうけ》は農業《のうぎょう》のかたわら、
「紅長《べんちょう》（紅屋長兵衛《べにやちょうべえ》）」の屋号《やごう》で
呉服《ごふく》や近江名産《おうみめいさん》の麻布《まふ》などを
扱《あつか》う卸小売商《おろしこうりしょう》を営《いとな》んでいました。

※地商《じあきな》い…近江国《おうみのくに》でのみ活動《かつどう》している商人《しょうにん》のこと。

八《はち》目《め》村《むら》

ふう、今日《きょう》も疲《つか》れたなぁ
あっ！
叔父《おじ》さん！
おおっ、栄吉《えいきち》久《ひさ》しぶりやなぁ
やゑ《え》（栄吉《えいきち》の母《はは》）
おかえり
成宮武兵衛《なるみやぶへえ》（母《はは》やゑ《え》の弟《おとうと》）

帰《かえ》ってきたんや!
おお、ちょうど今《いま》帰《かえ》ったところや。土産渡《みやげわた》しに寄《よ》ったんや
土産《みやげ》よりもまた持《も》ち下《くだ》りのおもしろい話聞《はなしき》かせてえな
「持《も》ち下《くだ》り」とは全国各地《ぜんこくかくち》へ行商《ぎょうしょう》することで、近江国《おうみのくに》を出《で》てはじめて「近江商人《おうみしょうにん》」と呼《よ》ばれることになります。
母方《ははかた》の成宮家《なるみやけ》はこの持《も》ち下《くだ》りを家業《かぎょう》にしており栄吉《えいきち》は近江商人《おうみしょうにん》にあこがれていました。

どうかわしを持《も》ち下《くだ》りに行《い》かせてください！
う〜む
まだ早《はや》いんとちがう？
伊藤《いとう》 長兵衛《ちょうべえ》（栄吉《えいきち》の父《ちち》）

そんなことないてぇ
来年《らいねん》もう※元服《げんぶく》やで
父《とう》さん、いつも言《い》うてるやないか
うちの跡《あと》を継《つ》ぐのは長男《ちょうなん》と決《き》まっとる
おまえは次男《じなん》やから、ゆくゆくは分家《ぶんけ》せんといかんて
わしは持《も》ち下《くだ》りで独《ひと》り立《だ》ちしたいんや！
…
…義兄《にい》さん
スッ

※元服《げんぶく》…15〜17歳頃《さいごろ》に行《おこな》われた成人《せいじん》の儀式《ぎしき》。

そこまで言《い》うんやったら、
試《ため》しにわしの見習《みなら》いとして
荷物持《にもつも》ちでも
させてみましょか？
そうやな……
荷物持《にもつも》ち？
一緒《いっしょ》に持《も》ち下《くだ》りするん
やったら、見習《みなら》いやなくて、
わしにも商売《しょうばい》させてくれ
おいおい、
いきなり※売《う》り子《こ》として
雇《やと》えっちゅうんか。
赤字《あかじ》になったら
どうするつもりや
当時《とうじ》の持《も》ち下《くだ》り商《あきな》いは、
イチかバチかの商売《しょうばい》をするのは
とても危険《きけん》なことでした。
一攫千金《いっかくせんきん》を狙《ねら》った持《も》ち下《くだ》り先《さき》で
在庫《ざいこ》が残《のこ》り、荷物《にもつ》とともに
野垂《のた》れ死《じ》ぬ商人《しょうにん》もいたのです。

※売《う》り子《こ》…自分《じぶん》の商品《しょうひん》を貸《か》して行動《こうどう》をともにする者《もの》で、別会計《べつかいけい》となる。

叔父《おじ》さんは今《いま》まで、損《そん》するかもしれんと思《おも》いながら商売《しょうばい》したことあるんか?
うっ…
グッ
これ、栄吉《えいきち》!
ハハハハハッ
たしかにその通《とお》りや!
よっしゃ、50両分《りょうぶん》の近江麻布《おうみまふ》を預《あず》けるさかい、わしの売《う》り子《こ》としてついて来《く》るとええわ
それなら50両分《りょうぶん》の麻布《まふ》は借《か》りたことにしてくれ

売《う》り上《あ》げでその50両《りょう》を返《かえ》すさかいに
なんと……栄吉《えいきち》…お前《まえ》なかなか豪気《ごうき》なやっちゃなあ
ハハハハッ
1858（安政《あんせい》5）年《ねん》5月下旬《がつげじゅん》元服《げんぷく》して伊藤忠兵衛《いとうちゅうべえ》となった栄吉《えいきち》は、他国稼《たこくかせ》ぎの第一歩《だいいっぽ》を踏《ふ》み出《だ》しました。

なかなか似合《にお》うてるやないか
気張《きば》ってこいよ
ほんまに無茶《むちゃ》せんように
……
ほな行《い》ってくるわ
ピタッ

…行《い》くで
おう！

忠兵衛《ちゅうべえ》が近江《おうみ》を出《で》て
「近江商人《おうみしょうにん》」となった
この年《とし》を、
「伊藤忠商事《いとうちゅうしょうじ》」と「丸紅《まるべに》」は
創業《そうぎょう》の年《とし》と定《さだ》めています。

ついに…

ついに…
ついに
湖《うみ》の向《む》こう側《がわ》へ
……次《つぎ》は
いよいよ都《みやこ》や!

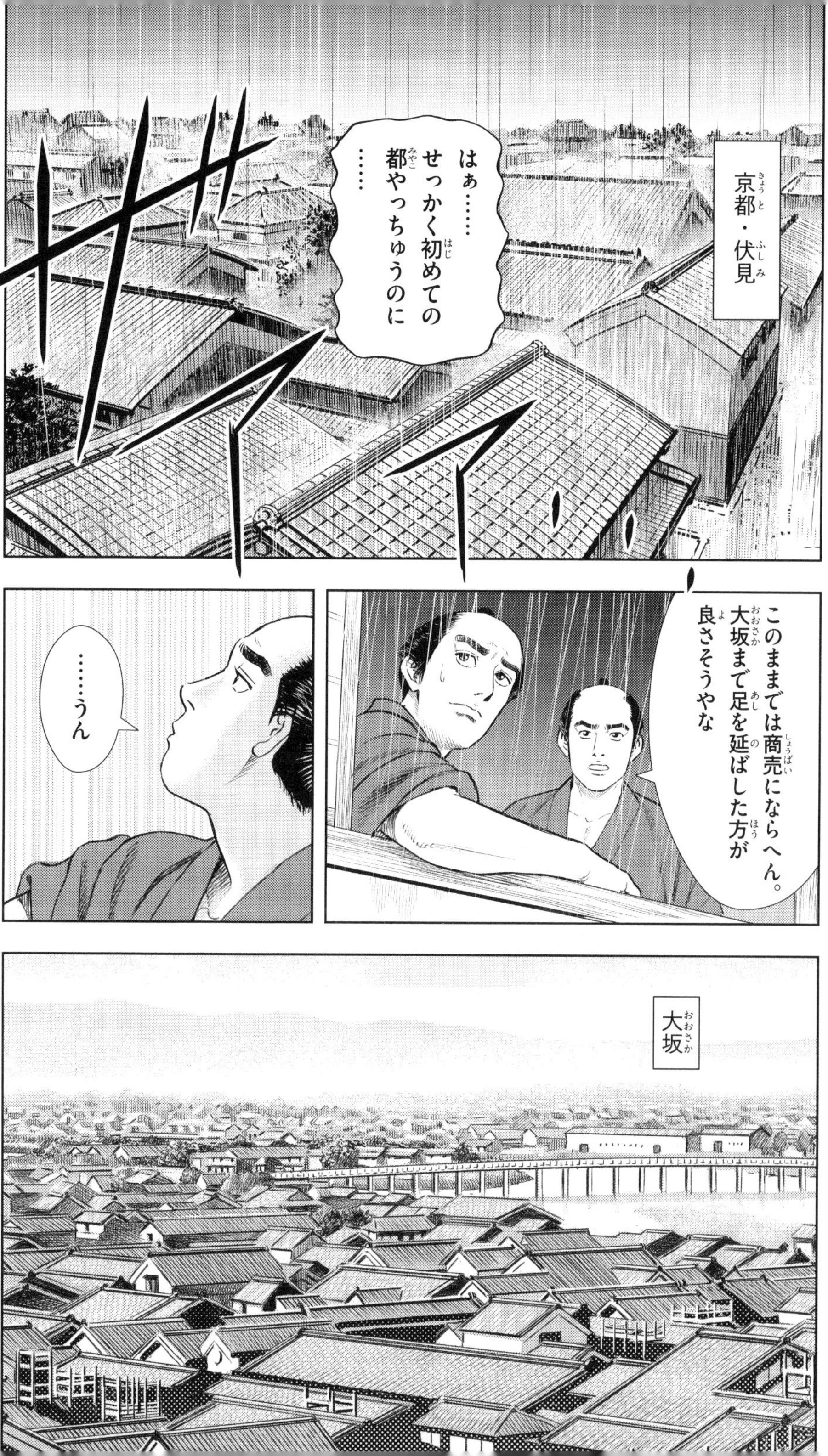
京都《きょうと》・伏見《ふしみ》
はぁ……せっかく初《はじ》めての都《みやこ》やっちゅうのに……
このままでは商売《しょうばい》にならへん。大坂《おおさか》まで足《あし》を延《の》ばした方《ほう》が良《よ》さそうやな
……うん
大坂《おおさか》

さすが
日本一《にっぽんいち》の商《あきな》いの町《まち》や
活気《かっき》が違《ちが》うわ！
ワイワイ
ガヤガヤ
近江麻布《おうみまふ》です
どうぞ触《さわ》ってみて
ください
ええ肌触《はだざわ》りやし
柄《がら》もええわ
おおきに!!
うちでも
扱《あつか》わせて
もらいましょ
なるほど
そうやって売《う》るんか

叔父《おじ》さん
わし一人《ひとり》で
やってみるわ
二手《ふたて》に
分《わ》かれよう
……ふっ
頑張《がんば》りや
近江麻布《おうみまふ》です。
どうぞ触《さわ》って
品《しな》をお確《たし》かめください
ふーん、
なるほどな
そやけど
高《たか》いなあ
兄《にい》ちゃん
みたいな
若《わか》い子《こ》から
買《か》うんは
ちょっとな…
ウ…
スー…

旦那《だんな》さんも、よう見《み》てください。お安《やす》うしときます
安《やす》かったらええっちゅう問題《もんだい》でもないわな
堺《さかい》
近江麻布《おうみまふ》です。さらっとした、ええ肌触《はだざわ》りやさかい一回《かい》、触《さわ》ってみてください…
触《さわ》ったら買《か》わなあかんのとちゃう?
近江《おうみ》の兄《にい》ちゃん、堺《さかい》にはええもんようけあるから、ほか行《い》ったらどうや?

ガチャッ
ガチャッ
ははっ、ずい分《ぶん》とお疲《つか》れやなあ
何《なん》でやろ、叔父《おじ》さんは売《う》れるのにわしはさっぱりや。みな、ああ言《い》えばこう言《い》う人《ひと》ばっかりやし……
ははは っ、こっちの人《ひと》は口《くち》が達者《たっしゃ》やからな

ええか、忠兵衛《ちゅうべえ》、
土地《とち》が変《か》わると人《ひと》の気質《きしつ》も好《この》みも違《ちが》うんや 価値観《かちかん》も、世間体《せけんてい》も違《ちが》う
どういう口上《こうじょう》を言《い》うたら、この土地《とち》の人《ひと》は商品《しょうひん》に関心《かんしん》を持《も》ってくれるんかよう考《かんが》えてみい
その土地《とち》の売《う》り方《かた》…
次《つぎ》の岸和田《きしわだ》は大坂《おおさか》や堺《さかい》と比《くら》べてどうなんやろか……

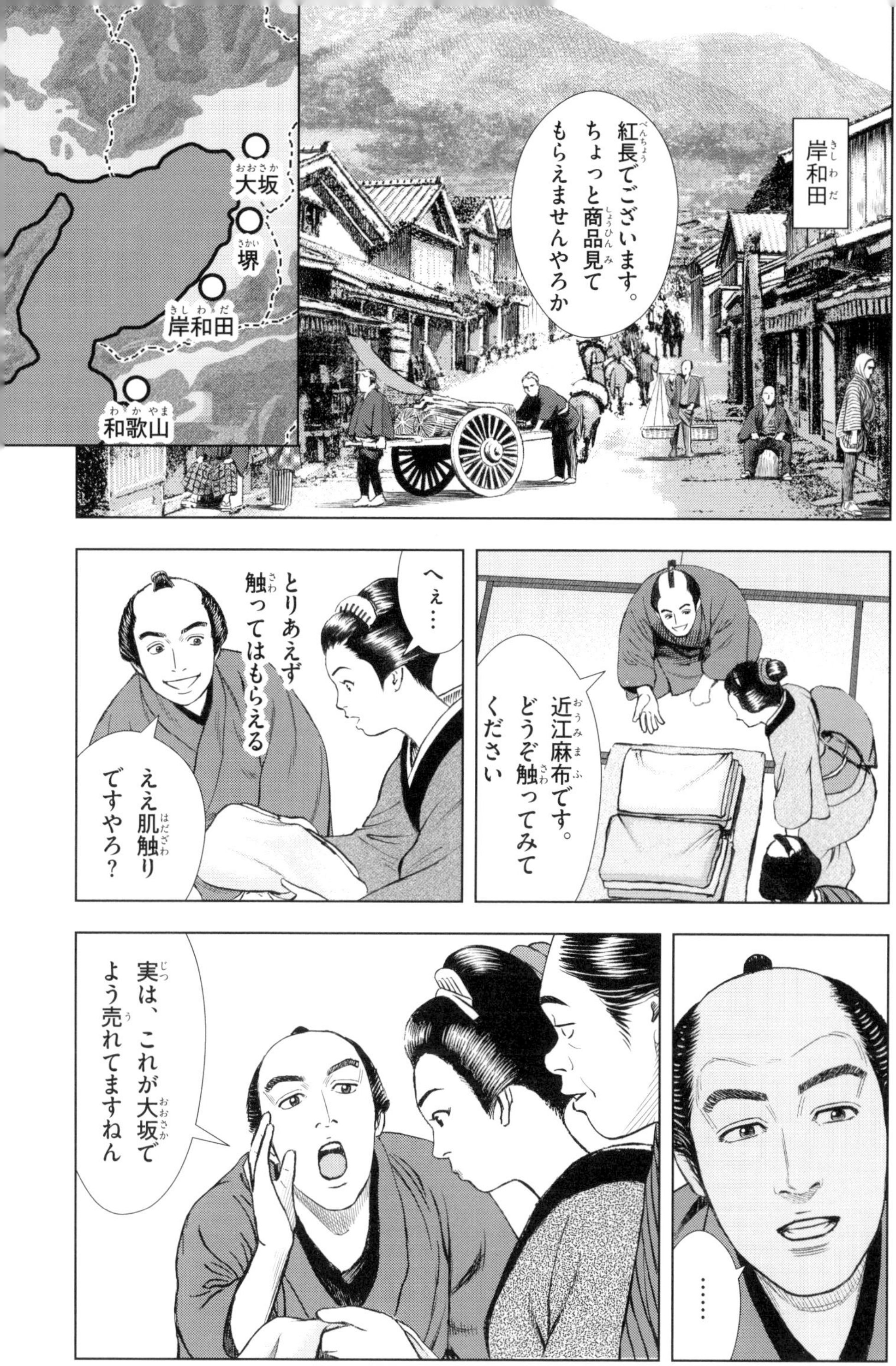
岸和田《きしわだ》
紅長《べんちょう》でございます。ちょっと商品《しょうひん》見《み》てもらえませんやろか
大坂《おおさか》
堺《さかい》
岸和田《きしわだ》
和歌山《わかやま》
近江麻布《おうみまふ》です。どうぞ触《さわ》ってみてください
へぇ…
とりあえず触《さわ》ってはもらえる
ええ肌触《はだざわ》りですやろ？
……
実《じつ》は、これが大坂《おおさか》でよう売《う》れてますねん

そうなん
丁寧《ていねい》に作《つく》った上等《じょうとう》なもんですわ。この倍《ばい》ぐらいで売《う》ってはるところもありまっせ
ほんなら兄《にい》ちゃんから買《こ》うとこかな
へ、へぇ！おおきに！
和歌山《わかやま》

近江《おうみ》の麻布《まふ》ですよ～
大坂《おおさか》で買《こ》うたら、ごっつうお高《たか》い品《しな》ですよ～
これ、そない質《しつ》がええもんなん？
へえ、品《しな》の良《よ》さは間違《まちが》いありません。大坂《おおさか》、堺《さかい》、岸和田《きしわだ》と回《まわ》ってきましたが、どちらでも品《しな》の良《よ》さ感心《かんしん》してもらいましてもうこんだけしかのうなってしまいました
へぇ、これで最後《さいご》？
そうでございます。次《つぎ》に近江《おうみ》からここまで来《こ》られるんは、いったいいつになることやらわかりませんし……
さよか、ほな、買《こ》うとかなあかんねえ
おおきに！

なんか
わかった気《き》がするわ
品《しな》がええいうだけで
売《う》れるもんでない
人気《にんき》があるとか、
もう数《かず》があらへんとか、
他《ほか》で買《か》うより安《やす》いとか……
人《ひと》が物《もの》を買《か》う時《とき》は、
人《ひと》それぞれの理由《りゆう》が
あるんや
八目村《はちめむら》
伊藤家《いとうけ》

おおっ、7両《りょう》か！
初《はじ》めての持《も》ち下《くだ》りでこんだけもうけるとは大《たい》したもんやないか
うむ
ほんまによう頑張《がんば》ったなあ
持《も》ち下《くだ》りはしんどいけど、奥《おく》が深《ふか》くておもろいわ
ふっ、その7両《りょう》はお前《まえ》にやるわ。好《す》きに使《つこ》たらええ
ほんなら……この7両《りょう》は父《とう》さんに預《あず》けて、わしが商《あきな》いを始《はじ》める時《とき》の元手《もとで》にする
むっ…
ほんで叔父《おじ》さん…

はよう独《ひと》り立《だ》ちしたいさかい、
次《つぎ》は100両分《りょうぶん》の麻布《まふ》を
わしに貸《か》してくれ
まぁ
ふっ…ははははっ！
今度《こんど》はいきなり
100両分《りょうぶん》か？
ザシッ
お前《まえ》はどんだけ
人《ひと》を驚《おどろ》かすんや！
1859（安政《あんせい》6）年《ねん》5月《がつ》。
忠兵衛《ちゅうべえ》は叔父《おじ》の成宮武兵衛《なるみやぶへえ》と一緒《いっしょ》に、
西国《さいごく》持《も》ち下《くだ》り商《あきな》いに出《で》ました。

長門国《ながとのくに》馬関《ばかん》
（現《げん》・山口県下関市《やまぐちけんしものせきし》）

武兵衛《ぶへえ》さん、今《いま》はなんてったって長崎《ながさき》だ。異国《いこく》の船《ふね》が次々《つぎつぎ》に入《はい》ってきて、珍《めずら》しい品《しな》が街中《まちじゅう》に溢《あふ》れてるよ
でんがく
山田屋
目《め》の青《あお》いのやら髪《かみ》の赤《あか》いのやらが大勢《おおぜい》いて、珍《めずら》しい動物《どうぶつ》までいるそうな。なんせ大賑《おおにぎ》わいだそうだよ

へぇ〜。そんなことになってるんですか！
……6年前《ねんまえ》に黒船《くろふね》が来《き》てからっちゅうもの世《よ》の中《なか》は大《おお》きく変《か》わってしもたからな

たしか去年《きょねん》 ウチ（彦根藩《ひこねはん》）の 殿様《とのさま》（井伊直弼《いいなおすけ》）が 大老《たいろう》になったって…
噂《うわさ》じゃあ数《すう》カ所《しょ》の 港《みなと》を開《ひら》いて 外国《がいこく》と貿易《ぼうえき》を始《はじ》めるとか…
よっしゃ！ わし、長崎《ながさき》まで 行《い》ってくるわ！
おいおい、 馬関《ばかん》で引《ひ》き返《かえ》す 予定《よてい》じゃあ…
叔父《おじ》さんだけ 先帰《さきかえ》っといて
何《なん》か新《あたら》しい商売《しょうばい》が 見《み》つかるかもしれん。 ものすごう わくわくするなあ
お前《まえ》っちゅう奴《やつ》は…… ええけど、あんまり 無茶《むちゃ》するんやないで

長崎《ながさき》
おおおおっ！

見《み》るもんみんな初《はじ》めてのもんばっかりや
なんや、いっぺんに日本《にほん》が狭《せま》くなった気《き》がするわ
ここまで来《き》たらこの海《うみ》も越《こ》えて行《い》きたいもんやなあ

うわっ、あかん。いろんなとこ見《み》ながら商売《しょうばい》しとったら、売《う》れ残《のこ》ってしもた
しゃーない。明日《あした》はちょっと田舎《いなか》まで足延《あしの》ばしてみるか
近江国《おうみのくに》から来《き》た麻布《まふ》ですよ〜。どうぞ触《さわ》ってみてください
麻布《まふ》の中《なか》でもこれは上《じょう》モノですよ
これが近江麻布《おうみまふ》か
初《はじ》めて見《み》るなあ
上《じょう》モノの近江麻布《おうみまふ》だって？

ってことは、これは※安倍屋晒《あべやさらし》か？
えっ、あ、まぁ…
ホンマはちゃうけど……
まぁええか
長崎《ながさき》で安倍屋晒《あべやさらし》をご存知《ぞんじ》のお方《かた》に出会《であ》えるとは……。近江《おうみ》からはるばる来《き》た甲斐《かい》がございます
ほう。安倍屋晒《あべやさらし》なら俺《おれ》がもらおう
全部《ぜんぶ》でいくらだ？
ありがとうございますっ！
安倍屋晒《あべやさらし》なら倍《ばい》の値《ね》はするやろ
1両《りょう》でございます

※安倍屋晒《あべやさらし》…高級麻布《こうきゅうまふ》の名称《めいしょう》。

いやぁ、儲《もう》かったな
ポリ…
八目村《はちめむら》
伊藤家《いとうけ》
…叔父《おじ》さんどうしたん？

……こないだまで持《も》ち下《くだ》りで長崎《ながさき》まで行《い》ってた者《もの》が戻《もど》ってきてな
○○村《むら》ってとこで、地元《じもと》の※任侠《にんきょう》からえらい剣幕《けんまく》ですごまれたそうや
…任侠《にんきょう》⁉
ああ…
なんでも前《まえ》に来《き》た近江商人《おうみしょうにん》に安倍屋晒《あべやさらし》やと大《おお》ボラ吹かれて、ものすごい高値《たかね》で麻布《まふ》を売《う》りつけられたらしい…
『あの小僧《こぞう》、今度《こんど》見《み》つけたらただじゃおかない』と…
…やっぱり、お前《まえ》やったんやな

※任侠《にんきょう》…ヤクザ

す、すんません！
安倍屋晒《あべやさらし》って言葉《ことば》を聞《き》いて、魔《ま》が差《さ》してしもうて……
……もうわしらはその村《むら》で麻布《まふ》の商《あきな》いはできひん
これはお前《まえ》だけの問題《もんだい》やないで。近江商人全体《おうみしょうにんぜんたい》の信用《しんよう》に関《かか》わるんや
ええか、忠兵衛《ちゅうべえ》。お前《まえ》の気概《きがい》と行動力《こうどうりょく》は大《たい》したもんや。それは認《みと》める
けどな…

それが行《ゆ》き過《す》ぎると「売《う》り手《て》によし」しか考《かんが》えられんようになる
そや……
「売《う》り手《て》によし、買《か》い手《て》によし、世間《せけん》によし」の考《かんが》えこそが近江商人《おうみしょうにん》の魂《たましい》
わしらにも、お客《きゃく》さんにも、ひいては世《よ》の中《なか》のためにもなる商《あきな》いをせんとあかんのや

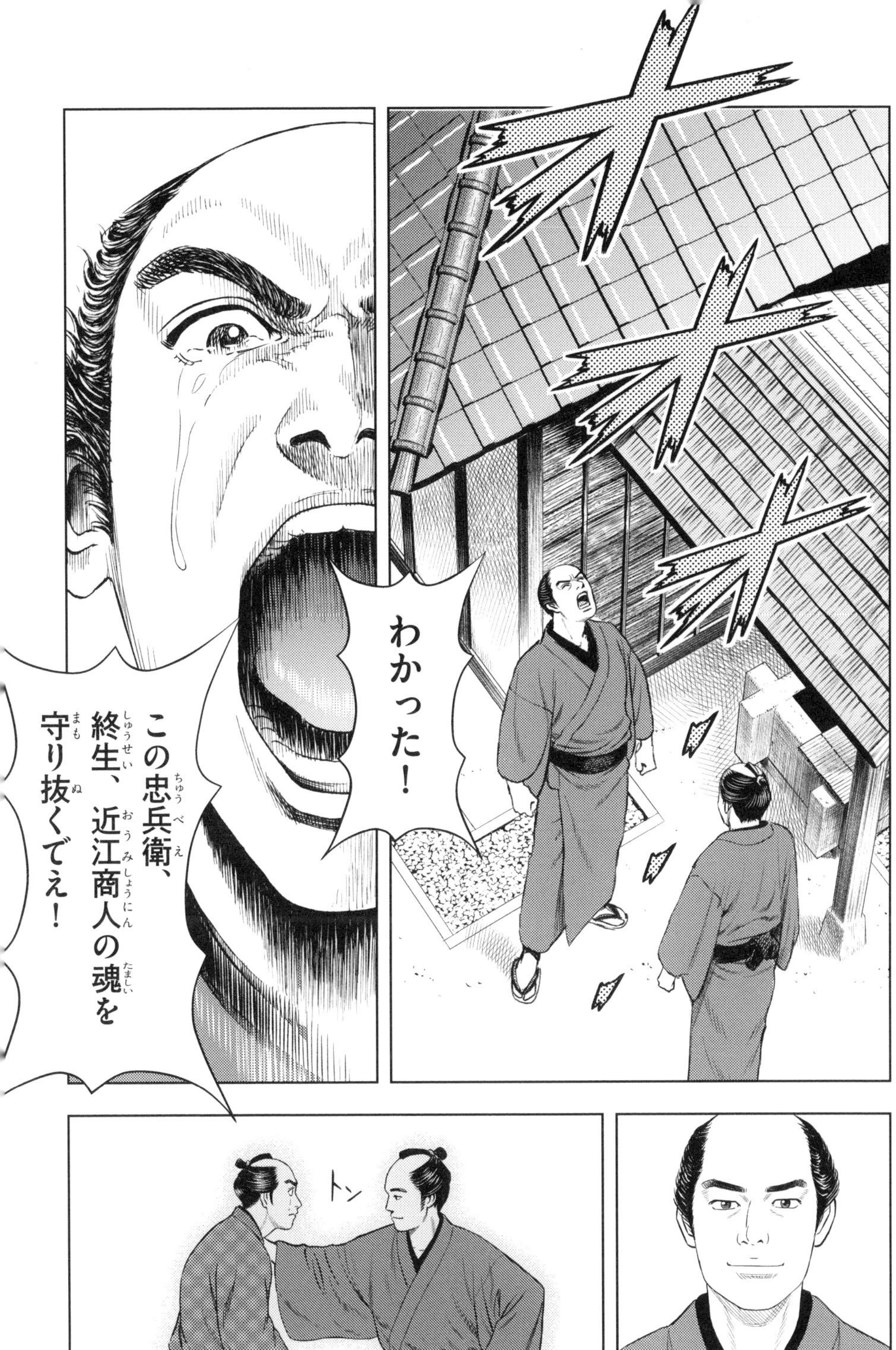
わかった!
この忠兵衛《ちゅうべえ》、終生《しゅうせい》、近江商人《おうみしょうにん》の魂《たましい》を守《まも》り抜《ぬ》くでえ!
トン

1860（万延元《まんえんがん》）年《ねん》、
18歳《さい》となった忠兵衛《ちゅうべえ》は
叔父《おじ》のもとを離《はな》れ、
近江商人《おうみしょうにん》として
独《ひと》り立《だ》ちします。
小川又七《おがわまたしち》
丸橋清平《まるはしせいべい》
豊前国《ぶぜんのくに》
（現在《げんざい》の福岡県《ふくおかけん》と
大分県《おおいたけん》の一部《いちぶ》）
西国《さいごく》持《も》ち下《くだ》りでは
宿屋《やどや》や寺《てら》などで
商品《しょうひん》を荷開《にびら》きし、
客《きゃく》を招《まね》いて商《あきな》いを
していました。

持《も》ってきましたで、頼《たの》まれとった※美濃結城《みのゆうき》。今《いま》、京《きょう》の都《みやこ》でえらい流行《りゅうこう》しております
うわぁ、粋《いき》な縞模様《しまもよう》たい
忠兵衛《ちゅうべえ》さんは頼《たの》んだ品《しな》を必《かなら》ず持《も》ってきてくれるからありがたかぁ
蚕《かいこ》を育《そだ》てたいんやけど、やり方《かた》がわからん。どうしたらええんやろか
うーん、わしも蚕《かいこ》を育《そだ》てたことはないんやけど……
よっしゃ、養蚕《ようさん》をやってる農家《のうか》に聞《き》いてみるわ。今度《こんど》、ここに来《く》る時《とき》に教《おし》えるさかい
ありがとう、忠兵衛《ちゅうべえ》さん
お、親方《おやかた》、そんなことまで引《ひ》き受《う》けるんですか
品物《しなもの》だけやのうてお客《きゃく》さんの望《のぞ》むものを届《とど》ける。それが近江商人《おうみしょうにん》の心意気《こころいき》やで！

※美濃結城《みのゆうき》…美濃結城縞《みのゆうきじま》。絹糸《けんし》と綿糸《めんし》をまぜて織《お》った縞模様《しまもよう》の高級織物《こうきゅうおりもの》。

1860（万延元《まんえんがん》）年《ねん》3月《がつ》、大老《たいろう》、井伊直弼《いいなおすけ》が開国反対派《かいこくはんたいは》の中心《ちゅうしん》である水戸藩《みとはん》の浪士《ろうし》らに暗殺《あんさつ》されるという「桜田門外《さくらだもんがい》の変《へん》」が起《お》こります。
八目村《はちめむら》 伊藤家《いとうけ》
事件《じけん》の直後《ちょくご》は「水戸藩《みとはん》と戦争《せんそう》が始《はじ》まるんちゃうか」とか「水戸《みと》の浪士《ろうし》が侵入《しんにゅう》したそうじゃ」とかいう噂《うわさ》が飛《と》び交《か》ってこの辺《あた》りも騒《さわ》がしかったんやで
わしが商《あきな》いに出《で》とる間《あいだ》にそんなことがあったんやな

井伊大老《いいたいろう》を殺《ころ》したところで一旦開《いったんひら》かれた港《みなと》は閉《と》じられへん
長崎《ながさき》のある北九州《きたきゅうしゅう》をわしの商《あきな》い場《ば》にしようと思《おも》ってるんや
1861（文久元《ぶんきゅうがん》）年《ねん》
豊前国《ぶぜんのくに》
ワイワイ。。
庄屋《しょうや》さん、今日《きょう》は商《あきな》いの場《ば》を設《もう》けてもろてありがとうございます
いえいえ、みんなも楽《たの》しみにしとるとですよ
な、なんや？
ワァ゛

な、なにすんねん！
そっちこそ何勝手《なにかって》なことしてくれてんねん！
この辺一帯《へんいったい》はわしら栄九講《えいくこう》の商《あきな》い場《ば》やで！
栄九講《えいくこう》……
「栄九講《えいくこう》」とは先《さき》に北九州《きたきゅうしゅう》に進出《しんしゅつ》している近江商人《おうみしょうにん》らが作《つく》った組合《くみあい》のような組織《そしき》です。

ザワ‥
親方《おやかた》…
ここで争《あらそ》うては
主人《しゅじん》に迷惑《めいわく》かける。
一旦《いったん》引《ひ》こう

忠兵衛《ちゅうべえ》さん。ウチらも同《おな》じや。同郷《どうきょう》の新参《しんざん》の者《もの》たちはみんなやられてますわ
ほんまに栄九講《えいくこう》はえげつないやつらですわ。北九州全部《きたきゅうしゅうぜんぶ》が自分《じぶん》らの商《あきな》い場《ば》やと思《おも》うとる
そうか…。いっぺん話《はな》してみるわ
スッ
よっしゃ、ほなわしらも一緒《いっしょ》に…
あかん!
大勢《おおぜい》で乗《の》り込《こ》んだらそれこそ大《おお》ごとになる

行《い》くのは
わし一人《ひとり》や
なっ……！
小倉《こくら》
栄九講《えいくこう》の宿《やど》
お前《まえ》かっ
わしらが汗水《あせみず》たらして
開拓《かいたく》してきた商《あきな》い場《ば》を
荒《あ》らしとるんは！
ええ根性《こんじょう》
しとるやないか！
さっさと
消《き》えさらせっ！

あんた方《がた》は先発隊《せんぱつたい》やけど、北九州全部《きたきゅうしゅうぜんぶ》を商《あきな》い場《ば》にしてるわけやない
何《なん》やて？
栄九講《えいくこう》だけが幅《はば》を利《き》かせてたんでは困《こま》る人《ひと》がたくさんおるということや
お前《まえ》さんたちは近江商人《おうみしょうにん》の名折《なお》れやな
てめえ！
待《ま》てい！

伊藤忠兵衛《いとうちゅうべえ》とやら、たった一人《ひとり》で乗《の》り込《こ》んできてなかなか言《い》うやないか
わしらが近江商人《おうみしょうにん》の名折《なお》れとはどういうことや
ゴク…
北九州《きたきゅうしゅう》は広《ひろ》い。栄九講《えいくこう》の力《ちから》だけでは、全《すべ》ての土地《とち》に品《しな》を届《とど》けることはできひん
それなのに栄九講《えいくこう》だけが商売《しょうばい》を独占《どくせん》していたんではほしい物《もん》があるのに買《か》えへん人《ひと》がたくさん出《で》てくる
これでは栄九講《えいくこう》の「売《う》り手《て》によし」にしかならへん
「三方《さんぼう》よし」やない
……確《たし》かに「三方《さんぼう》よし」はわしら近江商人《おうみしょうにん》の魂《たましい》や

せやけど、わしらも商《あきな》い場《ば》を荒《あ》らされるのは困《こま》るんや
商《あきな》い場《ば》が重《かさ》ならんようにします
同郷《どうきょう》のわしらがつぶし合《あ》いをして、人《ひと》はどう思《おも》わはるやろな？これでは近江商人《おうみしょうにん》の信用《しんよう》にかかわるんとちがいますか
うっ…
う、うまいこと言《い》うて、ほんまはわしらの商《あきな》い場《ば》を乗《の》っ取《と》るつもりやろうが
乗《の》っ取《と》れないようにする方法《ほうほう》があります
どういう方法《ほうほう》や？
スッ
ザワ‥
スッ

わしら新参組《しんざんぐみ》を栄九講《えいくこう》に入《い》れてください！
なっ⁉
なるほど…それなら商《あきな》い場《ば》が重《かさ》ならんように調整《ちょうせい》できるな
どうや、みんな。そういうことやったらわが栄九講《えいくこう》に迎《むか》え入《い》れてもええんやないか
……う、うむ、たしかにそういうことなら…
よっしゃ！栄九講《えいくこう》ということでみんな一緒《いっしょ》に栄《さか》えようやないか
オ〜。。

ありがとうございます！
忠兵衛《ちゅうべえ》さん、お見事《みごと》でした
あんさんの弁舌《べんぜつ》と胆力《たんりょく》に惚《ほ》れました！
あんさんの下《した》で働《はたら》かせてください！
えっ⁉
いや、お前《まえ》さんは他《ほか》の商人《しょうにん》の売《う》り子《こ》やろ？
お願《ねが》いします！
あかんて、自分《じぶん》の親方《おやかた》のところへお帰《かえ》りやす
お願《ねが》いします！
全然《ぜんぜん》聞《き》かへんな

根負《こんま》けした忠兵衛《ちゅうべえ》は彼《かれ》を仲間《なかま》に入《い》れることにします。
後《のち》に忠兵衛《ちゅうべえ》が大阪《おおさか》に店《みせ》を開店《かいてん》した時《とき》、初代《しょだい》の支配人《しはいにん》となる羽田治平《はねだじへい》です。

1866（慶応《けいおう》2）年《ねん》6月《がつ》 小倉湾《こくらわん》
いやあ、幕府《ばくふ》の二度目《にどめ》の※長州征討《ちょうしゅうせいとう》がいつ始《はじ》まるかという時期《じき》に大丈夫《だいじょうぶ》かいなと思《おも》いましたが、麻布《まふ》1万反《まんたん》、見事《みごと》に売《う》りさばけましたな

※長州征討《ちょうしゅうせいとう》…1864年《ねん》、幕府《ばくふ》が、京都《きょうと》で禁門《きんもん》の変《へん》を起《お》こした長州藩《ちょうしゅうはん》に、征討《せいとう》の兵《へい》を出《だ》したのが第一次長州征討《だいいちじちょうしゅうせいとう》。1866年《ねん》、薩長同盟《さっちょうどうめい》の締結《ていけつ》など長州藩《ちょうしゅうはん》と薩摩藩《さつまはん》の動《うご》きに危機《きき》を感《かん》じた幕府《ばくふ》が、長州藩《ちょうしゅうはん》を再《ふた》び攻撃《こうげき》したのが第二次長州征討《だいにじちょうしゅうせいとう》。

戦《いくさ》が始《はじ》まってしもたら、モノが不足《ふそく》するって言《い》うさかい その前《まえ》にみんなぎょうさん買《か》うんやないかと思《おも》たんや
馬関《ばかん》で残《のこ》りの※売掛金《うりかけきん》の集金《しゅうきん》すりゃあ1500両《りょう》にはなるで
うわっ、なんや⁉

※売掛金《うりかけきん》…未回収《みかいしゅう》の代金《だいきん》

ザザッ
ザザッ
あれは、徳川《とくがわ》の旗印《はたじるし》…
幕府軍《ばくふぐん》がついに長州征討《ちょうしゅうせいとう》に乗《の》り出《だ》したんや!
くっ……!
忠兵衛《ちゅうべえ》さん、さすがに戦《いくさ》が始《はじ》まってしもうたらもう……

いや…
今《いま》やったら
まだ上陸《じょうりく》は
できる！
6月《がつ》7日《にち》、
第二次長州征討《だいにじちょうしゅうせいとう》が開始《かいし》。
幕府軍《ばくふぐん》15万人《まんにん》が、長州《ちょうしゅう》を四方《しほう》から攻撃《こうげき》、高杉晋作《たかすぎしんさく》・大村益次郎《おおむらますじろう》・山縣有朋《やまがたありとも》らが指揮《しき》する奇兵隊《きへいたい》ほか諸隊《しょたい》が迎《むか》え撃《う》ち、坂本龍馬《さかもとりょうま》も援軍《えんぐん》として参戦《さんせん》しました。
ザザザザ…
坂本龍馬《さかもとりょうま》
撃《う》て〜〜！

ドオオン
ドオオン
おおっ〜、戦《いくさ》はどういうことになってるんや
ごめんください！

ドドオオーン
紅長《べんちょう》でございます！
忠兵衛《ちゅうべえ》さんっ⁉
売掛金《うりかけきん》をいただきに参《まい》りました
ドドオオー
なんという無茶《むちゃ》な…こんな時《とき》にようきましたな
おい、急《いそ》いで払《はろ》うてあげておくれ！
は、はい！

ありがとうございました！
あ、そうや
ドォオン
今度《こんど》来《く》るときに何《なに》か入用《いりよう》はございますか？
いいから、さっさと行《い》きなさい！
オオオ
長州藩《ちょうしゅうはん》の兵《へい》の数《かず》はわずか3500人《にん》ながら、最新鋭《さいしんえい》の武器《ぶき》で幕府軍《ばくふぐん》を圧倒《あっとう》し勝利《しょうり》を収《おさ》めました。

やれやれ、長州藩《ちょうしゅうはん》が勝《か》ってくれて助《たす》かった。おかげでみんな気持《きも》ちよう支払《しはら》ってくれはったわ
でも他国《たこく》への出入《でい》りが厳禁《げんきん》になって、船便《ふなびん》も止《と》まってます。馬関《ばかん》から出《で》れんくなってしまいましたで
集金《しゅうきん》したこの大金《たいきん》、持《も》ったままここにいつまでもおるのは不安《ふあん》で…
忠兵衛《ちゅうべえ》さん、大変《たいへん》や
代官所《だいかんしょ》からお触《ふ》れが出《で》て、旅人《たびびと》を馬関《ばかん》に滞在《たいざい》させたらいかんと
そ、そんなっ
むむ…
どこにも行《い》かれへんのにここまで追《お》い出《だ》されたら…

今街《いままち》はずれの山《やま》の中《なか》にある空《あ》き家《や》を手配《てはい》しています。とりあえずみなさんそこに移《うつ》って…
ガヤ
ガヤ…
今《いま》ごろ、郷里《きょうり》の者《もの》はさぞかし心配《しんぱい》してるやろうなあ
ガラッ
忠兵衛《ちゅうべえ》さん
ご同郷《どうきょう》の商人《しょうにん》が長崎《ながさき》からの帰《かえ》り、こっちに立《た》ち寄《よ》っているそうです

馬関港《ばかんこう》が閉鎖《へいさ》に なっていますので、 彦島《ひこしま》におるそうです。 そこから新《あたら》しい船《ふね》を 雇《やと》って、数日後《すうじつご》に 出航予定《しゅっこうよてい》だそうですよ
馬関港《ばかんこう》
彦島《ひこしま》
名前《なまえ》は わかりますか？
中井嘉兵衛《なかいかへえ》、 宮川藤兵衛《みやがわとうべえ》、 西沢嘉兵衛《にしざわかへえ》の 3人《にん》です
おお、 あの3人《にん》か！
グッ
よしっ！
ご主人《しゅじん》、 これをその3人《にん》に 預《あず》けたいんですが…

ええっ！
こ、こんな大金《たいきん》を他人《たにん》に預《あず》けるんですか？
大丈夫《だいじょうぶ》
彼《かれ》らなら絶対《ぜったい》忠兵衛《ちゅうべえ》さんの力《ちから》になってくれるはずです
この後《あと》、通行《つうこう》が自由《じゆう》になり、忠兵衛《ちゅうべえ》が故郷《こきょう》に戻《もど》れたのは9月《がつ》のこと。
よかった、よかった
7月半《がつなか》ばから40日間《にちかん》も山《やま》の中《なか》にこもっていました。

これも父《とう》さんのご加護《かご》かもしれへんね
父《ちち》・5代目《だいめ》長兵衛《ちょうべえ》はこの4年前《ねんまえ》に他界《たかい》。兄《あに》の万治郎《まんじろう》が6代目《だいめ》「伊藤長兵衛《いとうちょうべえ》」を継《つ》いでいました。
そや、来《き》てみぃ
おお〜！
ガラッ

忠兵衛《ちゅうべえ》さん帰《かえ》ったんやて！
おお～！みんなあ
ありがとう！一生恩《いっしょうおん》に着《き》るわ
何言《なにい》うてんねん、忠兵衛《ちゅうべえ》さん
そや、あんたはわしらのために一人《ひとり》で栄九講《えいくこう》と話《はなし》をつけてくれた
これはせめてもの恩返《おんがえ》しや
……おおきになあ

馬関《ばかん》から戻《もど》った忠兵衛《ちゅうべえ》は、すぐに結婚《けっこん》しました。
すまんが、すぐに商品《しょうひん》を仕入《しい》れてまた馬関《ばかん》へ行《い》かなあかん。戦後《せんご》何《なに》かと入用《いりよう》やろうからなあ
私《わたし》も商売人《しょうばいにん》の娘《むすめ》です。気張《きば》って来《き》てください
妻《つま》・幸《こう》　19歳《さい》
綿商《めんしょう》、藤野惣左衛門《ふじのそうざえもん》の長女《ちょうじょ》

おおきに！
ワイワイ…
1866（慶応《けいおう》2）年《ねん》
10月《がつ》　馬関《ばかん》
戦《いくさ》の勝利《しょうり》に沸《わ》いとる長州《ちょうしゅう》に、
今《いま》こそ商売《しょうばい》の好機《こうき》と思《おも》うて
乗《の》り込《こ》んできたが…

おいでやす、おいでやす
へい、毎度《まいど》、おおきに
忠兵衛《ちゅうべえ》さん、これおくれ
おおい、こっちも
おや、あんたもここに来《き》たか
そりゃそうじゃ。今度《こんど》の戦《いくさ》でわしらと一緒《いっしょ》に危険《きけん》な目《め》にあったのは忠兵衛《ちゅうべえ》さんじゃ
長州《ちょうしゅう》が幕府軍《ばくふぐん》に勝《か》ったからと急《きゅう》にやって来《き》た商人《しょうにん》とは違《ちが》うもんなぁ

ズ
こりゃ、かなわんわ…
この時《とき》、忠兵衛《ちゅうべえ》は行商《ぎょうしょう》を始《はじ》めて以来《いらい》、最高《さいこう》の利益《りえき》を上《あ》げました
この頃《ころ》より、「在所《ざいしょ》（土地《とち》）にほれよ、仕事《しごと》にほれよ、女房《にょうぼう》にほれよ」という「※三《さん》ぼれ主義《しゅぎ》」が忠兵衛《ちゅうべえ》の商売《しょうばい》の大切《たいせつ》な心得《こころえ》となりました。

第二次長州征討後《だいにじちょうしゅうせいとうご》、幕府《ばくふ》は倒《たお》され長州《ちょうしゅう》・薩摩《さつま》を中心《ちゅうしん》とした明治政府《めいじせいふ》が樹立《じゅりつ》されました。
西郷隆盛《さいごうたかもり》
木戸孝允《きどたかよし》
大久保利通《おおくぼとしみち》

※三《さん》ぼれ主義《しゅぎ》…江戸時代《えどじだい》の医師《いし》・水野澤斎《みずのたくさい》『養生辨《ようじょうべん》』（1842・49年《ねん》）の下巻《げかん》「三惣之辨《さんこつのべん》」に学《まな》んだ言葉《ことば》。

1871（明治《めいじ》4）年《ねん》
大阪《おおさか》
また来《き》ますけん、よかですか？
近頃九州《ちかごろきゅうしゅう》からの商人《しょうにん》がよう来《く》るようになりましたな
うむ、明治《めいじ》に入《はい》って、船便《ふなびん》が増《ふ》えたさかいなおかげで大阪《おおさか》もずい分《ぶん》活気《かっき》づいてきたわ

明治《めいじ》政府《せいふ》は交通網《こうつうもう》の改革《かいかく》に力《ちから》を入《い》れ、この翌年《よくとし》には日本初《にほんはつ》の鉄道《てつどう》が開通《かいつう》しました。
もうわしらが来《く》るのをじっと待《ま》っておらんで自分《じぶん》で大阪《おおさか》や京都《きょうと》に買《か》い付《つ》けに来《き》とるっちゅうことですな
……忠兵衛《ちゅうべえ》さん、本家《ほんけ》に言《い》って、せめて馬関《ばかん》の得意場《とくいば》だけでも返《かえ》してもらえまへんやろか
地商《じあきな》いが思《おも》わしくないから、本家《ほんけ》も持《も》ち下《くだ》りに加《くわ》わるまではわかりますが、
忠兵衛《ちゅうべえ》さんが独力《どくりょく》で切《き》り開《ひら》いた馬関《ばかん》や北九州《きたきゅうしゅう》の得意場《とくいば》を譲《ゆず》れゆうのは理不尽《りふじん》やないですか
…まあたしかにそうなんやけどな
今度《こんど》、兄者《あにじゃ》と※周防《すおう》で落《お》ち合《あ》うことになっとるさかい一度《いちど》話《はな》してみるわ

※周防《すおう》…周防国《すおうのくに》。現在《げんざい》の山口県東南部《やまぐちけんとうなんぶ》。

1871（明治《めいじ》4）年《ねん》11月《がつ》
周防国宮市《すおうのくにみやいち》（現《げん》・防府市《ほうふし》）の宿屋《やどや》
あかん！
こんな状況《じょうきょう》やからこそ、本家《ほんけ》が馬関《ばかん》を手放《てばな》すわけにいかんやろ何《なに》を言《い》い出《だ》すんや
そやけど、そもそも本家《ほんけ》が後《あと》から持《も》ち下《くだ》り業《ぎょう》に入《はい》ってきたんやないか
ぐっ…本家《ほんけ》あっての持《も》ち下《くだ》りやろ。わしはそう簡単《かんたん》に家《いえ》から離《はな》れることはできひんのや
おまえはわしの苦労《くろう》をわかってへん！

馬関《ばかん》は絶対《ぜったい》に返《かえ》さへんぞ、ここは本家《ほんけ》のもんやっ!
なんやて!
なんや、忠兵衛《ちゅうべえ》、一度《いちど》決めたものを今《いま》さら……
お前《まえ》らしゅうないんやないか?

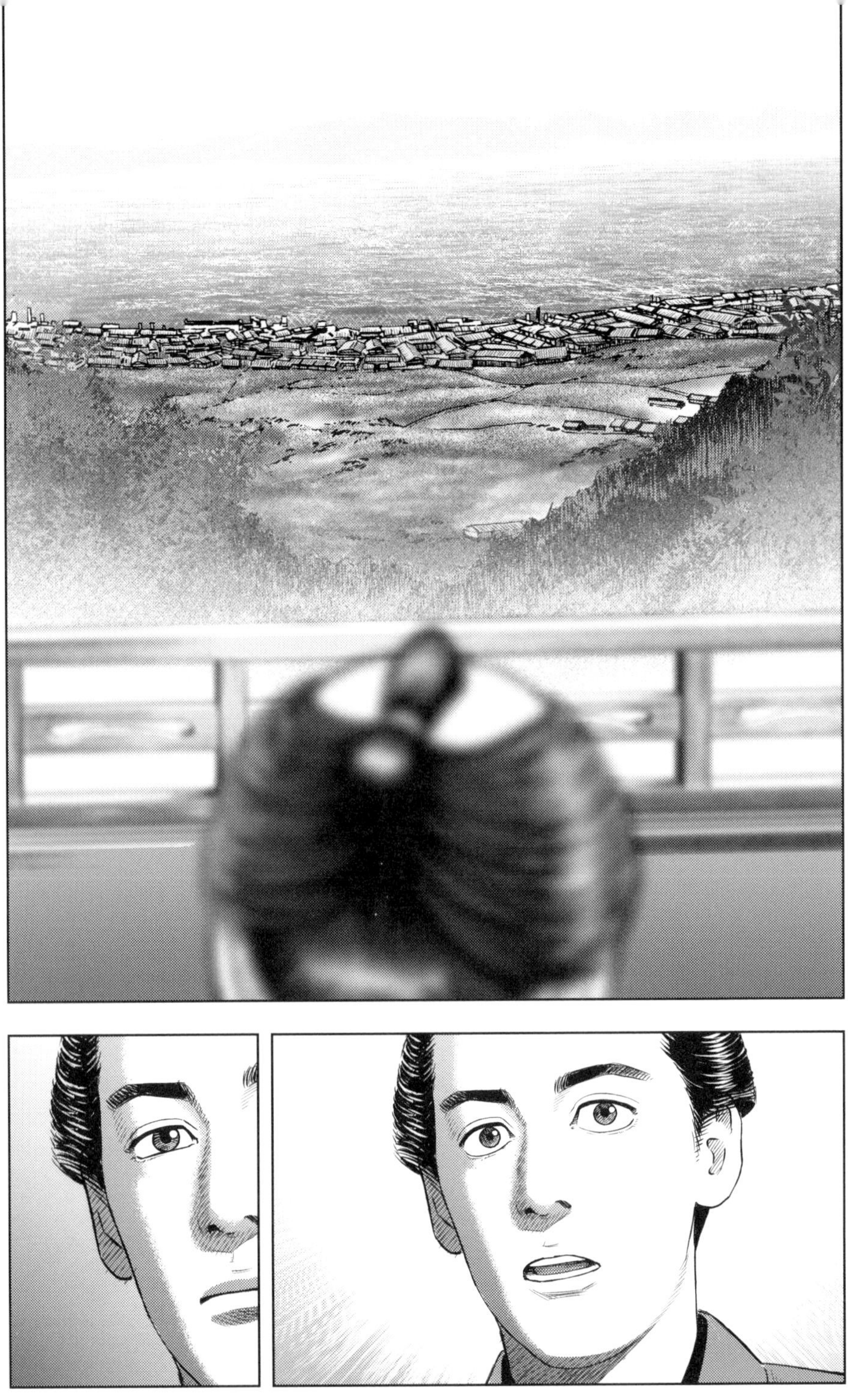

忠《ちゅう》兵《べ》衛《え》？
…わかったわ
おおっ、わかってくれたか
ああ、もう馬関《ばかん》はいらん
他《ほか》の得意場《とくいば》も全部《ぜんぶ》いらん
！

わしは大阪《おおさか》に店《みせ》を出《だ》す！
なっ⁉
…も、持《も》ち下《くだ》りをやめるっちゅうのか？
もう世《よ》の中《なか》は変《か》わった行商《ぎょうしょう》の時代《じだい》やない
大阪《おおさか》はまさにその新時代《しんじだい》の商都《しょうと》に成長《せいちょう》しつつある町《まち》や

……実《じつ》は ずっと迷《まよ》ってたんや
スッ
でも今日《きょう》兄者《あにじゃ》の顔見《かおみ》て 決心《けっしん》がついたわ
……こいつめ
でもそれでこそ お前《まえ》らしいわ
ハハハハッ

独立自尊《どくりつじそん》の人《ひと》

忠兵衛《ちゅうべえ》絶好調《ぜっこうちょう》！

忠兵衛《ちゅうべえ》は、一八六四(元治元《げんじがん》)年《ねん》の出来事《できごと》を※1手記《しゅき》にこう書《か》き記《しる》しています。

我利益《わがりえき》ハ年々増進《ねんねんぞうしん》シ本家取得《ほんけしゅとく》ハ増進尠《ぞうしんすくな》ク、既《すで》ニ我《わが》利益《りえき》ノ積斗《せきと》(計《けい》)ハ五、六年間《ねんかん》ニシテ本家《ほんけ》ノ身代《しんだい》ヲ超《ちょう》過《か》セリ、為《ため》ニ家兄長兵衛《かけいちょうべえ》ヨリ当分《とうぶん》※2利益合併論《りえきがっぺいろん》ヲ協《きょう》議《ぎ》ニ預《あずか》リ之《これ》ヲ承諾《しょうだく》セリ、当時《とうじ》、左《ひだり》ノ如《ごと》キ契約書《けいやくしょ》ヲ双《そう》方店卸帳《ほうたなおろしちょう》ニ記載《きさい》セリ(契約書写《けいやくしょうつし》)

本家《ほんけ》の営業成績《えいぎょうせいせき》が思《おも》わしくなかったといえども、持《も》ち下《くだ》り商《あきな》いをはじめて数年《すうねん》の忠兵衛《ちゅうべえ》が、すでに田畑《たはた》も所有《しょゆう》する本家《ほんけ》の財産《ざいさん》を超《こ》える利益《りえき》を上《あ》げていたというのです。

本家《ほんけ》立《た》て直《なお》しのため、得意場《とくいば》を兄《あに》に譲渡《じょうと》

一八六七(慶応三《けいおうさん》)年《ねん》、本家《ほんけ》の商売《しょうばい》は依然《いぜん》として思《おも》わしくなく、長兵衛《ちょうべえ》も忠兵衛《ちゅうべえ》の持《も》ち下《くだ》り業《ぎょう》に加《くわ》わることになりました。さらに本家《ほんけ》と分家《ぶんけ》の資産《しさん》を合併《がっぺい》させるというところまで話《はなし》が進《すす》み、兄弟共《きょうだいとも》に「紅屋長兵衛《べにやちょうべえ》」の屋号《やごう》で商《あきな》いをすることになりました。

一八七〇(明治三《めいじ》)年《ねん》、兄弟《きょうだい》の身代一致《しんだいいっち》の経営《けいえい》では、それぞれの手代《てだい》・売《う》り子《こ》たちのやる気《き》にも影響《えいきょう》するため、身代《しんだい》・屋号《やごう》は元《もと》に戻《もど》し、九州《きゅうしゅう》・中国地方《ちゅうごくちほう》の得意場《とくいば》を兄《きょう》弟《だい》で分《わ》け、別々《べつべつ》に営業《えいぎょう》することに。その結果《けっか》、忠兵衛《ちゅうべえ》の長年《ながねん》の得意場《とくいば》が譲渡《じょうと》され、「馬関《ばかん》、長府《ちょうふ》、豊前《ぶぜん》、筑前《ちくぜん》、筑後《ちくご》」が長兵衛《ちょうべえ》の得意場《とくいば》に、忠兵衛《ちゅうべえ》の得意場《とくいば》は、「萩《はぎ》、山口及宮市《やまぐちおよびみやいち》以西《いせい》、厚狭市《あさいち》まで」で、売《う》れ残《のこ》り品《ひん》に限《かぎ》って、長府《ちょうふ》・馬関《ばかん》まで行《い》ってよいということになりました。

忠兵衛《ちゅうべえ》 運命《うんめい》の決断《けつだん》

一旦《いったん》は本家《ほんけ》に譲《ゆず》る契約《けいやく》を交《か》わしたものの、忠兵衛《ちゅうべえ》にあてがわれた得意場《とくいば》はやはり狭《せま》く、さらに、一八七一(明治四《めいじ》)年《ねん》に廃藩置県《はいはんちけん》が実施《じっし》されたことで、持《も》ち下《くだ》り商《あきな》いの将来性《しょうらいせい》にかげりが見《み》えつつありました。そこで、忠兵衛《ちゅうべえ》は、山口県宮市《やまぐちけんみやいち》での兄《あに》との話《はな》し合《あ》いの場《ば》で、次《つぎ》のような提案《ていあん》をしました。

将来《しょうらい》の計画《けいかく》につき、望《のぞ》む事《こと》が三《みっ》つある。
一、本家《ほんけ》の得意場《とくいば》と定《さだ》めた馬関《ばかん》を私《わたし》に譲《ゆず》り、本家《ほんけ》は九州《きゅうしゅう》へ拡張《かくちょう》する。

一、本家《ほんけ》は、新《あら》たに大阪《おおさか》に開店《かいてん》し、持《も》ち下《くだ》り業《ぎょう》を止《や》める。
一、防長州《ぼうちょうしゅう》の他《ほか》に芸備州《げいびしゅう》に持《も》ち下《くだ》り先《さき》を拡張《かくちょう》する。

鍵《かぎ》は、「馬関《ばかん》を返《かえ》してもらえるか否《いな》か」。忠兵衛《ちゅうべえ》としては、返《かえ》してもらえなければ、持《も》ち下《くだ》り業《ぎょう》をやめて、大阪《おおさか》で店《みせ》を構《かま》えようという考《かんが》えでした。忠兵衛《ちゅうべえ》の三つの望《のぞ》みに対《たい》する兄《あに》の答《こた》えは、それぞれ次《つぎ》のとおりでした。
「馬関《ばかん》は譲《ゆず》らない」、「大阪《おおさか》での開店《かいてん》は、長男《ちょうなん》がまだ幼《おさな》く、私自身《わたしじしん》もう四十歳《さい》となり、そう働《はたら》けない。大阪《おおさか》での出店《しゅってん》は将来《しょうらい》見込《みこ》みがあると思《おも》うので、ご苦労《くろう》ではあるがあなたが開店《かいてん》すべきだと思《おも》う」、「芸備州《げいびしゅう》への持《も》ち下《くだ》りは気《き》が進《すす》まない。」

これらの返答《へんとう》に、それまでのためらいが一掃《いっそう》された忠兵衛《ちゅうべえ》は、すぐに腹《はら》をくくり、次《つぎ》のステージ・大阪《おおさか》へと向《む》かったのでした。

兄弟《きょうだい》の取《と》り決《き》め

翌年《よくとし》の一八七二（明治五《めいじ》）年《ねん》、忠兵衛《ちゅうべえ》は得意場《とくいば》をすべて兄《あに》に譲《ゆず》り、大阪《おおさか》に出店《しゅってん》します。その際《さい》にも、長兵衛《ちょうべえ》と「義定証《ぎていしょう》」を交《か》わしています。お互《たが》いの営業基盤《えいぎょうきばん》についてで、「大阪店《おおさかてん》から本家得意場《ほんけとくいば》へ持《も》ち下《くだ》り商《あきな》いはしない」「本家《ほんけ》から大阪出店《おおさかしゅってん》はしない。出店《しゅってん》する場合《ばあい》は同《おな》じ商品《しょうひん》を商《あきな》わない」などといった確認事項《かくにんじこう》が挙《あ》げられています。新《あたら》しい土地《とち》で経営地盤《けいえいじばん》をつくっていかねばならない忠兵衛《ちゅうべえ》としては、将来《しょうらい》の不安要素《ふあんようそ》はすべて払拭《ふっしょく》しておきたかったのでしょう。兄《あに》なら弟《おとうと》に義理立《ぎりだ》てしてくれるだろうけれど、代《だい》が替《か》わればどうなるかわかりません。実際《じっさい》、この営業基盤協定《えいぎょうきばんきょうてい》は、その後数十年間《ごすうじゅうねんかん》、兄弟間《きょうだいかん》だけでなく、番頭《ばんとう》が分家《ぶんけ》（別家《べっけ》）する時《とき》などにも適用《てきよう》され、しっかりその役割《やくわり》を果《は》たすことになります。

＊＊＊

当時《とうじ》の忠兵衛《ちゅうべえ》の番頭《ばんとう》・羽田治平《はねだじへい》が、後年《こうねん》、この時期《じき》の本家《ほんけ》からの申《もう》し出《で》について、たびたび不平《ふへい》を漏《も》らしていたのに対《たい》し、忠兵衛《ちゅうべえ》は特《とく》に愚痴《ぐち》を言《い》うこともなく、むしろこの試練《しれん》が幸《さいわ》いしたと受《う》け止《と》め、親《おや》や兄《あに》から物質的《ぶっしつてき》な援助《えんじょ》を受《う》けなかったことを誇《ほこ》りにしていたといいます。

「世間《せけん》の分家《ぶんけ》と違《ちが》って、わしの方《ほう》から老舗《しにせ》を兄《あに》に譲《ゆず》ったようなものじゃ」と――。「独立自尊《どくりつじそん》」を重《おも》んじたいかにも忠兵衛《ちゅうべえ》らしい姿勢《しせい》といえます。

※1 後年《こうねん》、忠兵衛《ちゅうべえ》が昔《むかし》を振《ふ》り返《かえ》って記《しる》した『経過録《けいかろく》』のこと。
※2 「向《む》こう四年間《ねんかん》、兄弟《きょうだい》の売上《うりあげ》を合併《がっぺい》し、利益《りえき》を分《わ》け合《あ》おう」と本家《ほんけ》が忠兵衛《ちゅうべえ》に申《もう》し出《で》た。

二《に》か月後《げつご》、
大阪《おおさか》
ここ数日《すうじつ》いろいろ見《み》て回《まわ》りましたが……やはり店《みせ》を出《だ》すんやったら伏見町《ふしみまち》ですかね
大阪《おおさか》の呉服商《ごふくしょう》は大体《だいたい》ここに軒《のき》を連《つら》ねてますし…
いや…

わしは この本町《ほんまち》やと 思《おも》うとる
えっ、でもここは 古着屋《ふるぎや》ばっかりの 場所《ばしょ》ですよ。 道幅《みちはば》も狭《せま》いですし…
家賃《やちん》が安《やす》いわりに、 船着《ふなつ》き場《ば》にも 通《つう》じていて、 交通《こうつう》の便《べん》がええ
伏見町《ふしみまち》
本町《ほんまち》
船着《ふなつ》き場《ば》
それに…
この激動《げきどう》の時代《じだい》、 町《まち》の景色《けしき》なんぞ すぐに変《か》わっていくわい

1872(明治《めいじ》5)年正月《ねんしょうがつ》
大阪《おおさか》・本町《ほんまち》2丁目《ちょうめ》
本日開店《ほんじつかいてん》の※呉服太物卸商《ごふくふとものおろししょう》「紅忠《べんちゅう》」でございます
小売店《こうりてん》さん相手《あいて》の卸商《おろししょう》ですが、よかったら見《み》ていってください
ははっ、こんな通《とお》りに卸商《おろししょう》とは珍《めずら》しいなぁ。この辺《へん》に来《く》る者《もん》は古着《ふるぎ》しか買《か》わへんで
あら、そんなことないわよ
御一新《ごいっしん》になってから、着物《きもの》を新《あたら》しく作《つく》る人《ひと》も増《ふ》えてるしね

※呉服太物《ごふくふともの》…「呉服《ごふく》」は絹織物《きぬおりもの》、「太物《ふともの》」は綿織物《めんおりもの》、麻織物《あさおりもの》のこと。

あら関東織物《かんとうおりもの》
なんて珍《めずら》しい
ええ柄《がら》やし※西陣織《にしじんおり》とかに
比《くら》べたらずい分安《ぶんやす》いわ
明治維新後《めいじいしんご》、
物流《ぶつりゅう》が発達《はったつ》したことで、
衣料《いりょう》の消費《しょうひ》が大《おお》きく
伸《の》びていきました。
その中《なか》で紅忠《べんちゅう》では
当時大阪《とうじおおさか》では珍《めずら》しかった
関東織物《かんとうおりもの》を、豊富《ほうふ》な品揃《しなぞろ》えで
提供《ていきょう》したことでまたたく間《ま》に
繁盛店《はんじょうてん》となっていきました。

※西陣織《にしじんおり》…京都《きょうと》の高級絹織物《こうきゅうきぬおりもの》

本町《ほんまち》3丁目《ちょうめ》
本町《ほんまち》2丁目《ちょうめ》
1875（明治《めいじ》8）年《ねん》8月《がつ》大阪《おおさか》・本町《ほんまち》3丁目《ちょうめ》に新店舗《しんてんぽ》が完成《かんせい》しました。
まいどおおきに！
本日《ほんじつ》「紅忠《べんちゅう》」の新装開店《しんそうかいてん》でございます
あら、忠兵衛《ちゅうべえ》さん、その頭《あたま》…
ははっ、店《みせ》を新《あたら》しくするついでに自分《じぶん》も新《あたら》しゅうしてみましたわ

たった3年《ねん》でこない立派《りっぱ》な構《かま》えの店《みせ》になるやなんて…
グッ
忠兵衛《ちゅうべえ》はん、アンタは本町《ほんまち》の太閤《たいこう》はんや
1877(明治《めいじ》10)年《ねん》2月《がつ》
ダダッ
ご主人様《しゅじんさま》！薩摩《さつま》の西郷《さいごう》はんが、ついに政府《せいふ》に反旗《はんき》を翻《ひるがえ》しはったそうです！
!!
なんと……

維新《いしん》の立役者《たてやくしゃ》であった西郷隆盛《さいごうたかもり》は中央政界《ちゅうおうせいかい》から身《み》を引《ひ》き薩摩《さつま》に戻《もど》っていましたが…
明治政府《めいじせいふ》によって特権《とっけん》を奪《うば》われた不平士族《ふへいしぞく》によって反政府《はんせいふ》の総大将《そうだいしょう》に担《かつ》ぎだされていました。
戦争《せんそう》が始《はじ》まるんやったら、早《はよ》う今《いま》ある品《しな》を売《う》り払《はら》った方《ほう》が…
…いや
その逆《ぎゃく》じゃ！

2月《がつ》15日《にち》、
ついに「西南戦争《せいなんせんそう》」が勃発《ぼっぱつ》。
半年《はんとし》の戦《たたか》いの末《すえ》、被弾《ひだん》し動《うご》けなくなった西郷《さいごう》が山中《さんちゅう》で切腹《せっぷく》し戦争《せんそう》は終結《しゅうけつ》しました。
ここだっ、ここが紅忠《べんちゅう》だっ
なんやなんや、何《なに》が起《お》きとんのや?

なんや九州《きゅうしゅう》からの商人《しょうにん》が押《お》し寄《よ》せてるんやて
九州《きゅうしゅう》から？
戦争《せんそう》が終《お》わって物資《ぶっし》を求《もと》めて大阪《おおさか》まで買《か》い付《つ》けに来《き》たんやけど、他《ほか》の店《みせ》は売《う》り払《はら》ってしもうてて、品《しな》は紅忠《べんちゅう》さんにしかないんやて
よこせっ
これはうちが買《か》うったいっ
落《お》ち着《つ》いてくださいっ
品《しな》はまだあります。お二人《ふたり》ともにお売《う》りできます
ドドド

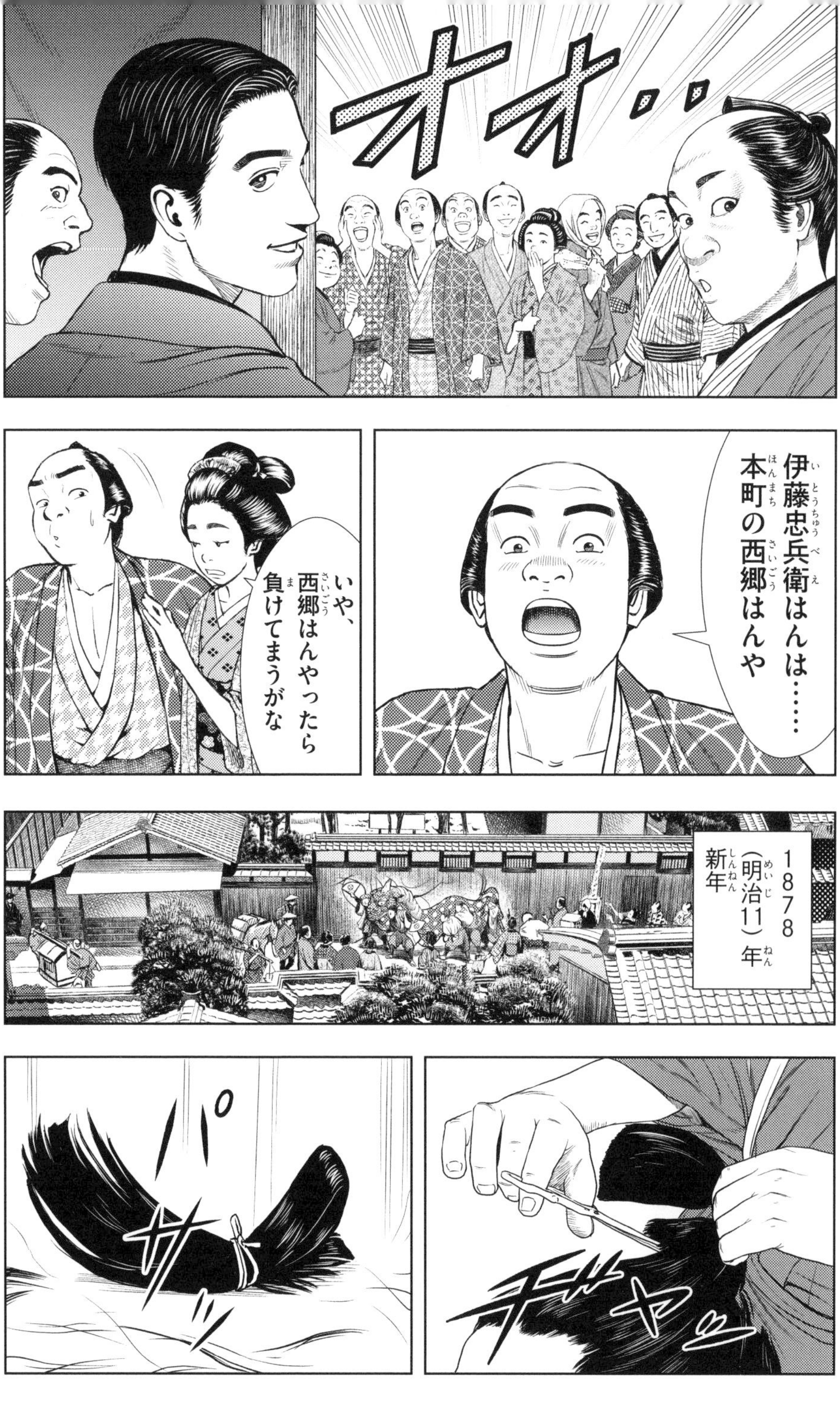
オオ・・
伊藤忠兵衛《いとうちゅうべえ》はんは……本町《ほんまち》の西郷《さいごう》はんや
いや、西郷《さいごう》はんやったら負《ま》けてまうがな
1878（明治《めいじ》11）年《ねん》新年《しんねん》
パサッ

どうや？
さっぱりしただろう
これでみんな、気持《きも》ちを新《あら》たに新年《しんねん》を迎《むか》えられるわ
は、はぁ……
なんや奇妙《きみょう》な感《かん》じだすなぁ
田中《たなか》 良蔵《りょうぞう》
丁稚《でっち》、後《のち》の「伊藤忠兵衛本部《いとうちゅうべえほんぶ》」総支配人《そうしはいにん》
田附《たづけ》 源兵衛《げんべえ》（通名《つうめい》 源七《げんしち》）
紅忠最初の店員《べんちゅうさいしょのてんいん》、仕入《しい》れ方《かた》、
後《のち》の「伊藤本店《いとうほんみせ》」「伊藤糸店《いとういとみせ》」支配人《しはいにん》
ほんに昨年《さくねん》は絶好調《ぜっこうちょう》でしたな
まだどんどん仕入《しい》れよう
あと、2、3年《ねん》はよう売《う》れる状態《じょうたい》が続《つづ》くはずや
おおっ

しかし、その後《あと》はどーんと大不況《だいふきょう》になる
えええっ！
景気《けいき》っちゅうのは10年《ねん》に1度《ど》ないし2度《ど》、循環的《じゅんかんてき》に好《こう》・不況《ふきょう》を繰《く》り返《かえ》す
時流《じりゅう》を先読《さきよ》みし、今《いま》から策《さく》を講《こう》じていかなあかんぞ
なにっ！すぐに払《はら》えだとぉ！私《わたし》が信用《しんよう》できんということかぁ！

現金決済《げんきんけっさい》にしておけば、お互《たが》いに無理《むり》のない取引《とりひき》となり、不況時《ふきょうじ》に備《そな》えることができます。どうかご理解《りかい》ください
紅忠《べんちゅう》は当時《とうじ》一般的《いっぱんてき》だった「掛《か》け売《う》り（後払《あとばら》い）」をやめて、現金決済《げんきんけっさい》に切《き》り替《か》えていました。
まぁ、たしかにせやねんけど、従来《じゅうらい》のやり方《かた》を変《か》えることは難《むずか》しい。得意先《とくいさき》の中《なか》には紅忠《べんちゅう》との取引《とりひき》をやめるところも出《で》てきとる
……ほんまに大丈夫なんかな
ただ今《いま》帰《かえ》りました
おおっ、源七《げんしち》ご苦労《くろう》やったな
ちょうど今《いま》、お前《まえ》が九州《きゅうしゅう》から送《おく》ってくれた公債《こうさい》を整理《せいり》しとったところや

公債《こうさい》とは明治政府《めいじせいふ》が旧士族《きゅうしぞく》に発行《はっこう》した証券《しょうけん》です。
ご主人様《しゅじんさま》が言《い》うてはったとおり山口《やまぐち》でも鹿児島《かごしま》でも生活《せいかつ》に困《こま》った旧士族《きゅうしぞく》の公債《こうさい》が売《う》りに出《だ》されとりましたけど、ずい分《ぶん》値下《ねさ》がりしとりましたで
だからこそ今買《いまか》うんや
ええか、西南戦争《せいなんせんそう》の戦費《せんぴ》を捻出《ねんしゅつ》するために政府《せいふ》は不換紙幣《ふかんしへい》を乱発《らんぱつ》したけど、いずれはその整理《せいり》に取《と》りかかるはずや
公債《こうさい》は政府《せいふ》の面子《めんつ》があるよって、長《なが》い目《め》で見《み》りゃあ、堅実《けんじつ》な投機《とうき》になる
紙幣《しへい》の価値《かち》が下落《げらく》したとき、代《か》わりに資産《しさん》を維持《いじ》してくれるはずや

西南戦争《せいなんせんそう》から4年後《ねんご》の1881（明治《めいじ》14）年《ねん》ついに不換紙幣《ふかんしへい》の整理《せいり》が始《はじ》まり、物価《ぶっか》は暴落《ぼうらく》、景気《けいき》は一気《いっき》に低迷《ていめい》しました。
この辺《へん》も軒並《のきな》み店《みせ》じまいや
ずい分《ぶん》寂《さび》しゅうなったの
お見《み》それいたしました、まさに先見《せんけん》の明《めい》
現金取引《げんきんとりひき》に応《おう》じてくれはったお得意《とくい》さんには感謝《かんしゃ》され、買《か》い入《い》れた公債《こうさい》のおかげで、この不況下《ふきょうか》に損害《そんがい》を免《まぬが》れることができそうです

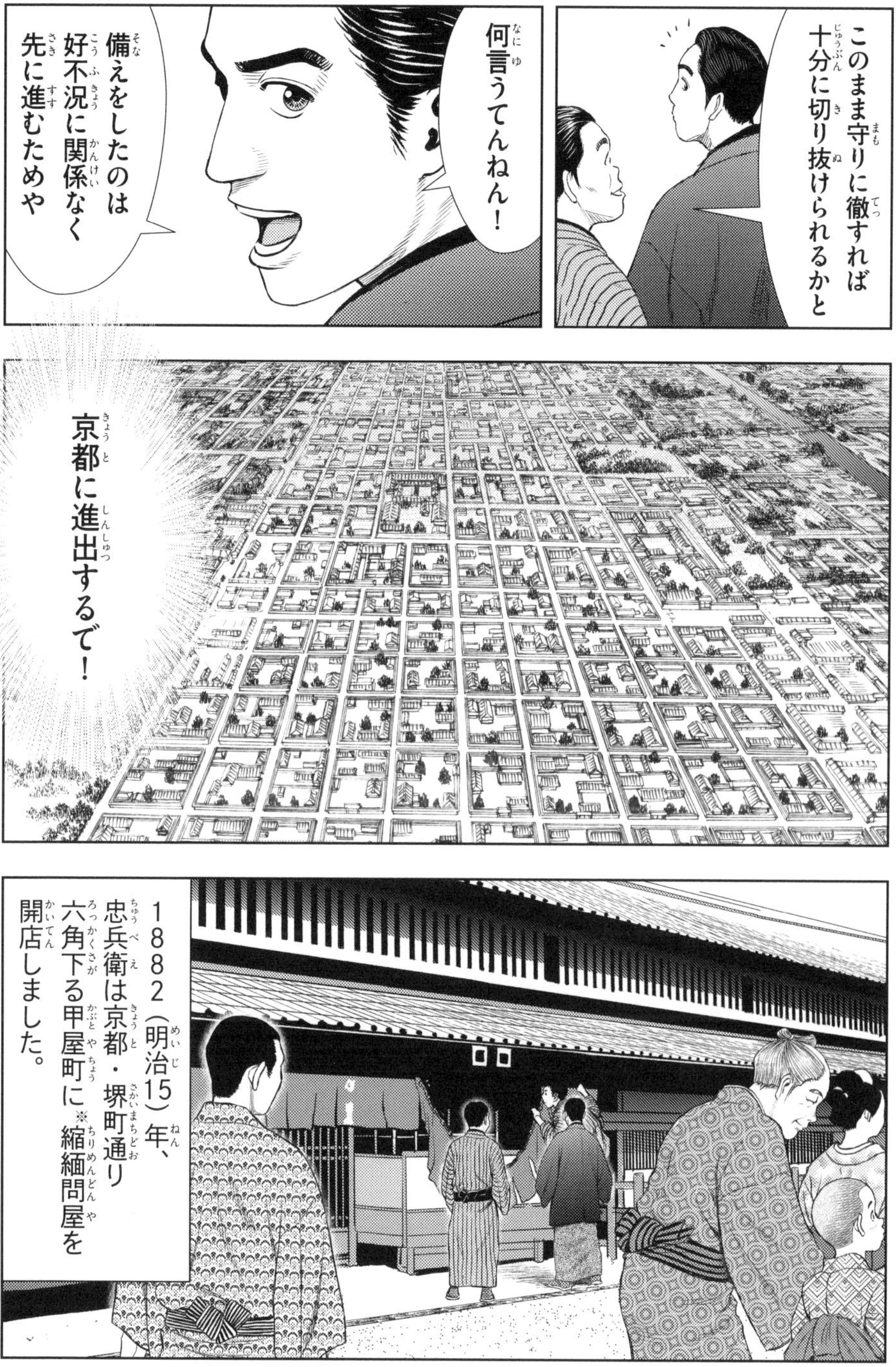

このまま守《まも》りに徹《てっ》すれば十分《じゅうぶん》に切《き》り抜《ぬ》けられるかと
何《なに》言《ゆ》うてんねん！
備《そな》えをしたのは好不況《こうふきょう》に関係《かんけい》なく先《さき》に進《すす》むためや
京都《きょうと》に進出《しんしゅつ》するで！
1882（明治《めいじ》15）年《ねん》、忠兵衛《ちゅうべえ》は京都《きょうと》・堺町《さかいまち》通《どお》り六角下《ろっかくさが》る甲屋町《かぶとやちょう》に※縮緬問屋《ちりめんどんや》を開店《かいてん》しました。

※縮緬《ちりめん》…表面《ひょうめん》に細《こま》かい凹凸《おうとつ》のある絹織物《きぬおりもの》のこと。

この不況下《ふきょうか》にどうなることかと思《おも》いましたが、どうやら軌道《きどう》に乗《の》りそうですな……
うむ……
おや、店《みせ》の標《しるし》考《かんが》えはったんでっか?
そうや、紅忠《べんちゅう》の基礎《きそ》を築《きず》いた支配人《しはいにん》の店《みせ》になるからな「○」に「へ二」としてみたんや
へぇ……
って、いや、どういうことですか!?
治平《じへい》はわしの2歳上《さいうえ》やから今《いま》42歳《さい》やろ
……もうそろそろええ頃《ころ》や

今《いま》からこの店《みせ》の主人《しゅじん》は治平《じへい》、お前《まえ》や
ご、ご主人様《しゅじんさま》……
紅忠《べんちゅう》の京店《きょうみせ》は来年《らいねん》に改《あらた》めて出《だ》すつもりや
うう…、わしが店《みせ》を持《も》つやなんて……
……九州《きゅうしゅう》で会《お》うてから、もう21年《ねん》も経《た》ったんやなあ
正直《しょうじき》あのときはいくら断《ことわ》ってもついてきてえらい往生《おうじょう》したで
へい、でも……

いくら断《ことわ》られても、
ついていって…
ホンマに良《よ》かったなと
思《おも》うてます
紅忠《べんちゅう》の最初《さいしょ》の※別家《べっけ》さんや。
これからも
ええ付《つ》き合《あ》いしてや
八目村《はちめむら》
忠兵衛家《ちゅうべえけ》

※別家《べっけ》…商家《しょうか》に共通《きょうつう》する制度《せいど》で、本家《ほんけ》から屋号《やごう》と財産《ざいさん》を分与《ぶんよ》されて独立《どくりつ》すること。

お父《とう》ちゃん、何《なに》してんのぉ？
次女《じじょ》・こう
長女《ちょうじょ》・とき
おおっ、新《あたら》しい店《みせ》の標《しるし》考《かんが》えてんねん
標《しるし》を考《かんが》えてはるんですか？
妻《つま》・やゑ《え》(元幸《もとこう》)
1879(明治《めいじ》12)年《ねん》、忠兵衛《ちゅうべえ》の母《はは》が死去《しきょ》した際《さい》に、その名前《なまえ》を継《つ》ぎました。
ああ、今度《こんど》「京店《きょうみせ》」出《だ》すからな、「本店《ほんみせ》」のとまとめて考《かんが》えてるんやけど……なかなかうまいのが思《おも》いつかん
治平《じへい》の店《みせ》の○にヘニの標《しるし》、なかなかええとは思《おも》うんやが…別家《べっけ》に与《あた》えたもんやしなあ

それやったら
いっそのこと
こうしたら
いいんやない？
○の中《なか》に紅《べにか》書いて
「マルベニ」っていうのは
どうですやろ？
おおっ、
ええなあ！
でも「本店《ほんみせ》」と
「京店《きょうみせ》」で
少《すこ》し違《ちが》ってる方《ほう》が
ええんやないか？
それやったら
□の中《なか》に紅《べにか》書いて、
「カクベニ」って
いうのは……？
おおっ！やゑ、
それもらうわ！

1884（明治《めいじ》17）年《ねん》1月《がつ》、
「紅忠《べんちゅう》」を「(紅)伊藤本店《まるべにいとうほんみせ》」と改《あらた》め、
同時《どうじ》に京都《きょうと》・室町通《むろまちどお》り
四条下《しじょうさが》る鶏鉾町《にわとりぼこちょう》に
※染呉服卸問屋《そめごふくおろしどんや》を開《ひら》き、
「[紅]伊藤京店《かくべにいとうきょうみせ》」としました。
どうや？
おお、ようお似合《にあ》いです

※染呉服《そめごふく》…染色加工《せんしょくかこう》した無地《むじ》、あるいは、模様染《もようぞ》めをした絹《きぬ》、麻《あさ》、木綿《もめん》、毛《け》などの反物《たんもの》のこと。

今《いま》は文明開花《ぶんめいかいか》の世《よ》、これから間違《まちが》いなく洋服《ようふく》の時代《じだい》になる
ウチとしてもこれから※羅紗《らしゃ》を扱《あつか》う新《あたら》しい店《みせ》を出《だ》そう思《おも》うてんのや
そやけど、ご主人様《しゅじんさま》、輸入《ゆにゅう》は、間《あいだ》に入《はい》る外国商館《がいこくしょうかん》がえらい手数料《てすうりょう》とるっちゅう話《はなし》です
うん、そこでや、
嘉一《かいち》、お前《まえ》に海外《かいがい》に渡《わた》ってもらい現地《げんち》で直接仕入《ちょくせつしい》れてきてもらいたいんや
ええっ！
刀根《とね》 福太郎《ふくたろう》（通名《つうめい》 嘉一《かいち》）

※羅紗《らしゃ》…毛織物《けおりもの》のこと。

いや、ちょっと待《ま》ってください。そんな急《きゅう》に…
スッ
貿易《ぼうえき》の経験《けいけん》はあるんやろ？行《い》ってみりゃあ、なんとかなるわい！
刀根福太郎《とねふくたろう》は後《のち》に入店《にゅうてん》した西村嘉七《にしむらかしち》と共《とも》に、それぞれイギリスとドイツへ派遣《はけん》されました。
いや、そんでも……
ホンマやったらわしが直接海外《ちょくせつかいがい》に渡《わた》りたかったんやが……
今《いま》ちょうど長男《ちょうなん》が生《う》まれたところでしばらく日本《にほん》を離《はな》れとうないんや
まぁ、そもそも新店舗《しんてんぽ》の話《はなし》も、跡継《あとつ》ぎが生《う》まれたから思《おも》いついたことなんやけどな
ほうですかぁ……

1886（明治《めいじ》19）年《ねん》、
羅紗《らしゃ》輸入卸《ゆにゅうおろし》を目的《もくてき》とした、
「※〽《まるべに》伊藤西店《いとうにしみせ》」が
大阪瓦町《おおさかかわらまち》4丁目《ちょうめ》心斎橋筋《しんさいばしすじ》に
開店《かいてん》しました。
八目村《はちめむら》
忠兵衛家《ちゅうべえけ》

※〽《まるべに》……○と「へ」が二《ふた》つで「まるべに」

僕《ぼく》の名前《なまえ》は太七《たしち》、このお屋敷《やしき》のご主人《しゅじん》伊藤忠兵衛《いとうちゅうべえ》様《さま》は大阪《おおさか》で◯紅《まるべに》という大店《おおだな》を営《いとな》んでいる
◯紅《まるべに》で働《はたら》きたいという地元《じもと》の子《こ》どもたちは、その前《まえ》にしばらくの間《あいだ》、ここで奉公《ほうこう》する決《き》まりなんだ
大阪《おおさか》
◯紅伊藤本店《まるべにいとうほんみせ》

ここが紅《まるべに》かあ。
でっかいお店《みせ》やなあ
田中《たなか》 良蔵《りょうぞう》
失礼《しつれい》します

うむ、よう来《き》たな
こ、怖《こわ》っ……
でもこんな大店《おおだな》の主《あるじ》なのに自室《じしつ》はこんな……
…
元《もと》は一階《いっかい》に自室《じしつ》があったんやが手狭《てぜま》になってな…まぁ寝起《ねお》きするだけやからこんなんで十分《じゅうぶん》や

太七《たしち》は、気弱《きよわ》なところがありますが、仕事《しごと》が丁寧《ていねい》で嘘《うそ》のない子《こ》です。本店勤務《ほんみせきんむ》が良《よ》いと思《おも》います
スッパ…
うむ
やゑが本家《ほんけ》で入店前《にゅうてんまえ》の子《こ》ども達《たち》の研修《けんしゅう》を担当《たんとう》し、それぞれの性格《せいかく》や能力《のうりょく》をよく見極《みきわ》めて、配属先《はいぞくさき》を決《き》めていました。
やはり梅干《うめぼ》しはやゑが漬《つ》けたもんに限《かぎ》る
わが家《や》の味《あじ》じゃ
ポイッ
ほれ、お前《まえ》らも食《た》べぇ
太七《たしち》、お前《まえ》の家《いえ》では飯《めし》の前《まえ》に念仏《ねんぶつ》を唱《とな》えておったか
はい。朝夕《あさゆう》※正信偈《しょうしんげ》を唱《とな》えておりました

※正信偈《しょうしんげ》…浄土真宗《じょうどしんしゅう》のお勤《つと》め。親鸞聖人《しんらんしょうにん》が仏様《ほとけさま》をたたえた韻文《いんぶん》。

うむ
商売《しょうばい》ちゅうのは
菩薩《ぼさつ》の行《ぎょう》や
売《う》り買《か》い何《いず》れをも益《えき》し、
世《よ》の不足《ふそく》をうずめ、
御仏《みほとけ》の心《こころ》にかなう
もんやないといかんぞ
は、はい！
なんや
ようわからんけど
頷《うなず》いとこう

ははっ、えろう疲《つか》れとるな、太七《たしち》
けど今日《きょう》はうちの名物《めいぶつ》〝イチロクの日《ひ》〟や。お前《まえ》もぎょうさん食《た》べて、精《せい》をつけえよ
イチロクの日《ひ》？

1 2 3 4 5 6 7
8 9 10 11 12 13 14
15 16 17 18 19 20 21
22 23 24 25 26 27 28
おお、お前《まえ》は初《はじ》めてやったな。うちの店《みせ》では1と6が付《つ》く日《ひ》にみんなでご馳走《ちそう》を食《た》べんねん
えっ、ご馳走《ちそう》って何《なに》を……
ここいらでご馳走《ちそう》言《い》うたら、塩《しお》イワシかな
ニッ
すき焼《や》きだ！

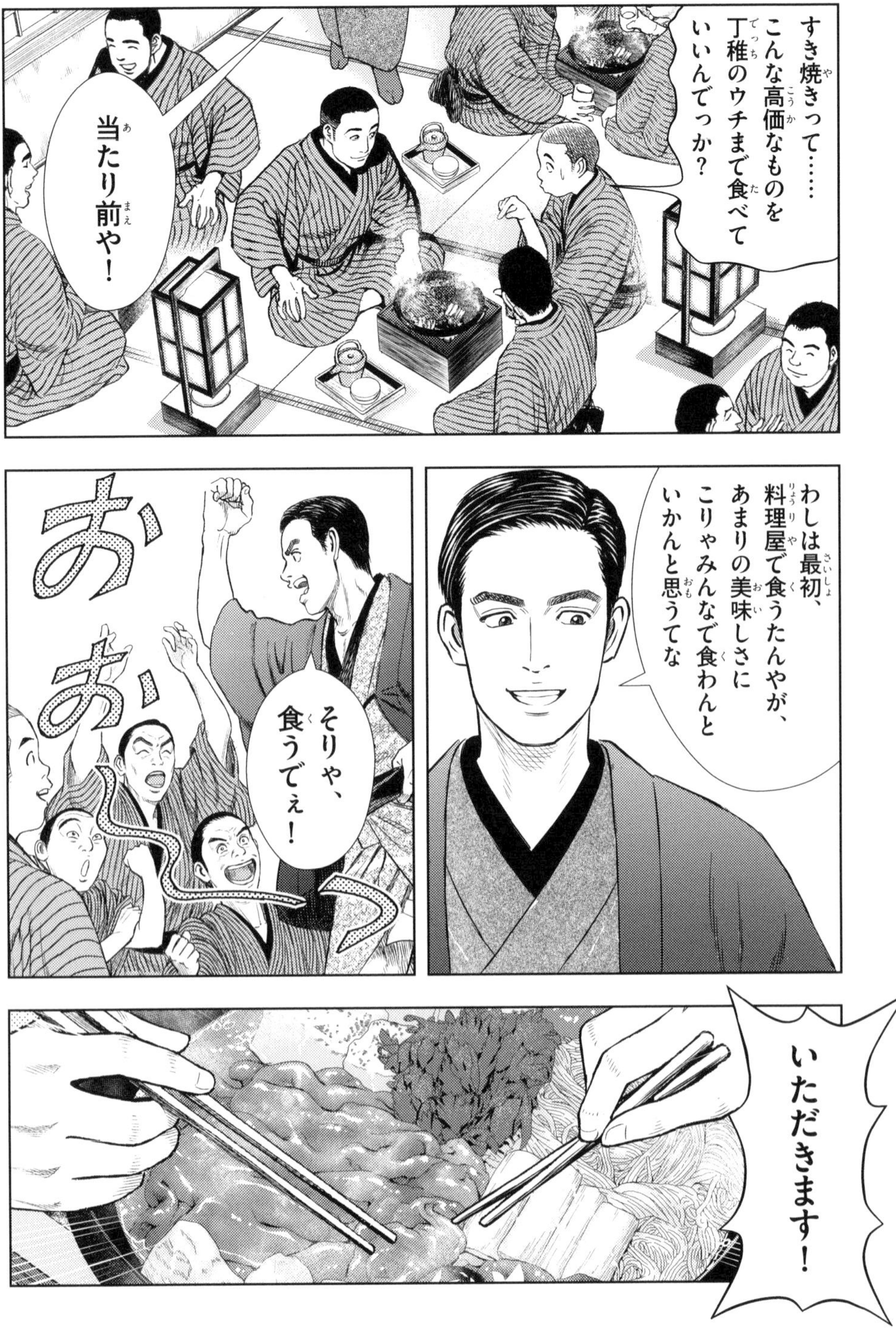
すき焼《や》きって……
こんな高価《こうか》なものを丁稚《でっち》のウチまで食《た》べていいんでっか？
当《あ》たり前《まえ》や！
わしは最初《さいしょ》、料理屋《りょうりや》で食《く》うたんやが、あまりの美味《おい》しさにこりゃみんなで食《く》わんといかんと思《おも》うてな
そりゃ、食《く》うでぇ！
おおぉ〜っ
いただきます！

ガッ
がっ
ガッ
太七《たしち》、お前《まえ》はなかなか
いい食《た》べっぷりやなぁ
こいつら最初《さいしょ》は、「四《よ》つ足《あし》のものは食《た》べられません」言《い》うて、豆腐《とうふ》とネギばっかり食《く》うとった
イチロクの日《ひ》は酒《さけ》も飲《の》めるんじゃ
いや、太七《たしち》はまだ酒《さけ》はあかんやろ
ハハ…
アハハ…
ハハハ…

優秀《ゆうしゅう》な人材《じんざい》が育《そだ》つ理由《りゆう》①

人事部長《じんじぶちょう》は郷里《きょうり》の妻《つま》

近江商人《おうみしょうにん》は、東京《とうきょう》や大阪《おおさか》などに店《みせ》を構《かま》えても、戸籍《こせき》は必《かなら》ず故郷《こきょう》に残《のこ》していました。忠兵衛《ちゅうべえ》も大阪《おおさか》に出店後《しゅってんご》も、本宅《ほんたく》は豊郷村《とよさとむら》に置《お》いたままで、一年《いちねん》のほとんどを家族《かぞく》と離《はな》れて暮《く》らしていました。忠兵衛《ちゅうべえ》の妻《つま》・やゑも、近江商人《おうみしょうにん》の本宅《ほんたく》の妻《つま》として、家事《かじ》や育児《いくじ》のほか、出店《しゅってん》先《さき》へ送《おく》る食料《しょくりょう》、使用人《しようにん》の着物《きもの》や帯《おび》、前掛《まえか》けの準備《じゅんび》、布《ふ》団《とん》の打《う》ち直《なお》し、丁稚見習《でっちみなら》い希望者《きぼうしゃ》(＝滋賀県犬上郡《しがけんいぬかみぐん》・愛知郡《えちぐん》・神崎郡《かんざきぐん》・蒲生郡《がもうぐん》などの地元《じもと》の子《こ》どもたち)の採用面接《さいようめんせつ》、しつけ(数日《すうじつ》～一年間《いちねんかん》)から配属先《はいぞくさき》を決《き》めるまでの人事管理《じんじかんり》、研修《けんしゅう》の役目《やくめ》を担《にな》っていました。やゑは、およそ一《いっ》か月間《げつかん》で適性《てきせい》を見極《みきわ》め、商《あきな》いに不向《ふむ》きな子《こ》には別《べつ》の道《みち》をすすめ、向《む》いている子《こ》には作法《さほう》や基礎《きそ》教養《きょうよう》を教《おし》え、良《よ》いところを伸《の》ばしました。入店後《にゅうてんご》に店《てん》員《いん》が問題《もんだい》を起《お》こした時《とき》には、直《ただ》ちに豊郷《とよさと》の本家《ほんけ》に戻《もど》され、やゑが再教育《さいきょういく》したといいます。忠兵衛《ちゅうべえ》にとってやゑは、妻《つま》、母親《ははおや》としてだけでなく、事業《じぎょう》パートナーでもあったわけです。

「店法《たなほう》」で、店《みせ》の掟《おきて》を明確《めいかく》に示《しめ》す

忠兵衛《ちゅうべえ》は、一八七二(明治《めいじ》五)年《ねん》の開店《かいてん》と同時《どうじ》に店《みせ》の掟《おきて》を制定《せいてい》しており、一八九三(明治《めいじ》二六)年《ねん》に成文化《せいぶんか》したものが今《いま》に伝《つた》わっています。

前文《ぜんぶん》に、「商業者《しょうぎょうしゃ》の貴《とうと》ぶところは機敏《きびん》にあり」と、明《めい》治維新《じいしん》の激動期《げきどうき》、チャンスに機敏《きびん》に反応《はんのう》することで事《じ》業《ぎょう》を大《おお》きくしてきた忠兵衛《ちゅうべえ》らしい教《おし》えがあり、続《つづ》けて、「業務遂行《ぎょうむすいこう》には和合《わごう》が大切《たいせつ》である」と店員同士《てんいんどうし》、助《たす》け合《あ》うことを勧《すす》めています。

次《つぎ》に、忠兵衛《ちゅうべえ》が店員《てんいん》に望《のぞ》む五ヵ条《ごじょう》の心得《こころえ》(五則《ごそく》)が続《つづ》きます。

一、※1四恩《しおん》を思《おも》ひ以《もっ》て立身出世《りっしんしゅっせ》の志《こころざし》を励《はげ》ますべし

一、主家《しゅけ》に対《たい》し常《つね》に忠実《ちゅうじつ》の心《こころ》を忘《わす》るべからず 忠実《ちゅうじつ》の心《こころ》とは公正《こうせい》にして※2私曲《しきょく》なきを云《い》ふなり

一、礼儀《れいぎ》を重《おも》んじて殊《こと》に主従《しゅじゅう》の礼節《れいせつ》を明《あきら》かにし 店《てん》員同輩《いんどうはい》に在《あり》ては長上《ちょうじょう》を敬《うやま》ひ下弟《かてい》を愛《あい》し最《もっと》も顧客《こきゃく》に対《たい》しては尊敬《そんけい》を厚《あつ》ふし己《おのれ》を※3卑《いやし》ふすることを勉《つと》むべし

一、質素《しっそ》の心掛《こころが》け篤《あつ》きものは必《かなら》ず勤勉《きんべん》の心篤《こころあつ》きものなり 若《も》し※4奢侈《しゃし》に流《なが》るるときは不知々々《しらずしらず》怠惰《たいだ》となり軽薄《けいはく》に陥《おちい》り遂《つい》に卑劣《ひれつ》の心《こころ》を生《しょう》ずるに至《いた》る

一、依《よっ》て修業中《しゅぎょうちゅう》は勉《つと》めて※5浮華《ふか》を誡《いまし》め常《つね》に※6勤倹《きんけん》の徳《とく》を養成《ようせい》すべし

一、品行《ひんこう》を慎《つつし》まざれば酒色《しゅしょく》の為《た》めに身《み》を誤《あやま》ること多《おお》し　深《ふか》く恐《おそ》るべき事《こと》なり　此件《このけん》に就《つ》きては特《とく》に厳重《げんじゅう》に之《これ》を誡《いまし》め置《お》くなり　且《かつ》顧客《こきゃく》と同行《どうこう》して青楼《せいろう》に趣《おもむ》くなどのことは開店《かいてん》の始《はじめ》より最《もっと》も厭忌《えんき》したる箇条《かじょう》なれば深《ふか》く其意《そのい》を諒知《りょうち》あるべし

店法《たなほう》はこれら前文《ぜんぶん》のほか、「主人《しゅじん》、本家《ほんけ》」、「店役名目《たなやくめいもく》・役務《えきむ》」、「会議《かいぎ》」、「会計《かいけい》」、「禁止《きんし》」の全五章《ぜんごしょう》からなります。本文《ほんぶん》に関《かん》しては、明治《めいじ》、大正《たいしょう》と何度《なんど》か改訂《かいてい》されましたが、創業者《そうぎょうしゃ》・忠兵衛《ちゅうべえ》が店員《てんいん》にまず望《のぞ》んだ五則《ごそく》は長《なが》く変《か》わることなく、継承《けいしょう》されることとなりました。

立身出世《りっしんしゅっせ》を目指《めざ》した明治《めいじ》の若者《わかもの》たち

忠兵衛《ちゅうべえ》が五則《ごそく》の中《なか》でも最初《さいしょ》に掲《かか》げた「立身出世《りっしんしゅっせ》の志《こころざし》」について説明《せつめい》しておきましょう。近江商人《おうみしょうにん》が言《い》う「立身《りっしん》」とは、店《みせ》の中《なか》の職階《しょっかい》を昇進《しょうしん》していくことであり，その頂点《ちょうてん》である番頭《ばんとう》・支配人《しはいにん》になり，その後《ご》、別家《べっけ》・別家格《べっけかく》になることを「出世《しゅっせ》」としています。当時《とうじ》、多《おお》くの奉公人《ほうこうにん》たちは，別家《べっけ》になることを目標《もくひょう》に日々《ひび》の仕事《しごと》に励《はげ》んでいました。店《みせ》では「出世店員《しゅっせてんいん》」と「雇用店員《こようてんいん》」が区別《くべつ》され、出世《しゅっせ》して別家《べっけ》になることを目指《めざ》す「出世店員《しゅっせてんいん》」は無給《むきゅう》でした。

そもそも店法《たなほう》に「出世店員《しゅっせてんいん》」が規定《きてい》されていること自体《じたい》まれなのですが、忠兵衛《ちゅうべえ》は、彼《かれ》らのために、店内《てんない》の職階《しょっかい》、昇進制度《しょうしんせいど》を明確《めいかく》に記《しる》しています。小役《こやく》（一《いち》～三《さん》等《とう》）の上《うえ》に、商務役《しょうむやく》（一《いち》～三等《さんとう》）があり、三等商務役《さんとうしょうむやく》になれば売買《ばいばい》の責任《せきにん》を持《も》たされ、二等商務役《にとうしょうむやく》になれば特別選考《とくべつせんこう》で別家格《べっけかく》に、一等商務役《いっとうしょうむやく》になれば、重役《じゅうやく》で自動的《じどうてき》に別家《べっけ》となれました。伊藤商店《いとうしょうてん》の店員《てんいん》たるもの、「世《よ》の人々《ひとびと》のために気概《きがい》をもって商《あきな》いに励《はげ》んでほしい」との忠兵衛《ちゅうべえ》の店員《てんいん》たちへの期待《きたい》のほどがうかがえます。

一八九七（明治《めいじ》三〇）年頃《ねんごろ》の史料《しりょう》からは，伊藤各店《いとうかくてん》（本店《ほんみせ》・京店《きょうみせ》・西店《にしみせ》・糸店《いとみせ》）全体《ぜんたい》で百名《ひゃくめい》ほどになった店員《てんいん》の内《うち》、六割《ろくわり》は「出世店員《しゅっせてんいん》」だったことがわかります。別家《べっけ》にまで到達《とうたつ》する奉公人《ほうこうにん》は全体《ぜんたい》の一割《いちわり》にも満《み》たなかったにもかかわらず、当時《とうじ》の若者《わかもの》たちは、主家《しゅけ》に忠実《ちゅうじつ》に奉公《ほうこう》して、「立身《りっしん》・出世《しゅっせ》」の道《みち》を歩《ある》くことを目指《めざ》したのです。

※1　父母《ふぼ》、社会《しゃかい》、国王《こくおう》、三宝《さんぼう》（仏《ぶつ》・法《ほう》・僧《そう》）の恩《おん》
※2　不正《ふせい》
※3　謙遜《けんそん》すること
※4　身分不相応《みぶんふそうおう》なぜいたく
※5　うわべは華《はな》やかで、実質《じっしつ》の乏《とぼ》しいこと。
※6　勤勉《きんべん》で倹約《けんやく》なこと

数年後《すうねんご》
ガヤガヤ…
今日《きょう》は僕《ぼく》にとって
初《はじ》めての会議《かいぎ》、
緊張《きんちょう》するなあ
紅《まるべに》伊藤本店《いとうほんみせ》では当時《とうじ》では珍《めずら》しく、
上級店員《じょうきゅうてんいん》や優秀《ゆうしゅう》な実績《じっせき》をあげた者《もの》が参加《さんか》して
経営方針《けいえいほうしん》を協議《きょうぎ》する「会議制度《かいぎせいど》」を設《もう》けていました。

太七《たしち》
へ、へぇ！
関東《かんとう》からの仕入《しい》れ値《ね》が昨年《さくねん》より50円《えん》ほど高《たこ》うなってるんはなんでや？
へぇっ！え～っと……
評判《ひょうばん》の機屋《はたや》の品《しな》を仕入《しい》れてみたからやと思《おも》います
……わかった
うわ～いきなり来《く》るとは…緊張《きんちょう》した

芳太郎《よしたろう》
最近《さいきん》の売《う》れ筋《すじ》はなんや?
そんでそれはなんでやと思《おも》う?
へえ、
最近《さいきん》は絹織物《きぬおりもの》がよう動《うご》いてます。
不景気《ふけいき》を完全《かんぜん》に抜《ぬ》け出《だ》しつつあるんちゃうかな思《おも》てます
そやから、次《つぎ》の仕入《しい》れでの品目構成《ひんもくこうせい》は……
嶋瀬《しませ》 芳太郎《よしたろう》
伊藤京店《いとうきょうみせ》 店員《てんいん》
すごいな、あいつ。
僕《ぼく》と年《とし》はそんなに変《か》わらんのに…
僕《ぼく》ももっと勉強《べんきょう》せな

会議《かいぎ》では財界《ざいかい》の動《うご》きから、
仕入《しい》れの品目数量《ひんもくすうりょう》などの
細《こま》かい店務全般《てんむぜんぱん》まで、
みなで意見《いけん》を述《の》べ合《あ》いました。
ワイワイ。。
忠兵衛《ちゅうべえ》が、若《わか》い店員《てんいん》の意見《いけん》を
聞《き》きたがったこと、
また、互《たが》いに意見《いけん》を闘《たたか》わせることで
理解《りかい》を深《ふか》めるためです。そのため
店員《てんいん》らは日頃《ひごろ》から
よく勉強《べんきょう》しておく必要《ひつよう》があり、
結果《けっか》、優秀《ゆうしゅう》な店員《てんいん》が
多《おお》く育《そだ》つことになりました。
今回《こんかい》はみながよう頑張《がんば》ってくれたおかげでもうけさせてもろうた
次《つぎ》からも気張《きば》ってや!
へい!
ザヤザヤ。。

今回《こんかい》の分配金《ぶんぱいきん》は
えろうあったな
ああ、ほんま
働《はたら》き甲斐《がい》があるで
店員《てんいん》に賃金《ちんぎん》以外《いがい》に
分配金《ぶんぱいきん》が出《で》るところは
なかなかない。
うちのご主人様《しゅじんさま》は、
ほんまきれいに
お金《かね》を使《つか》いはる方《かた》や
紅《まるべに》では店《みせ》の掟《おきて》（店法《たなほう》）として、
「利益三分主義《りえきさんぶんしゅぎ》」を盛《も》り込《こ》んでいました。
「利益三分主義《りえきさんぶんしゅぎ》」とは、全体《ぜんたい》の利益《りえき》を、
①本家《ほんけ》
②店《みせ》
③店員《てんいん》
の3つに配分《はいぶん》する考《かんが》え方《かた》です。
賃金《ちんぎん》とは別《べつ》に利益《りえき》を分《わ》け合《あ》う制度《せいど》は、
現在《げんざい》の「ボーナス」に該当《がいとう》します。
近江商人《おうみしょうにん》の流《なが》れをくむ
制度《せいど》でしたが、
明治時代《めいじじだい》においては、
かなり進歩的《しんぽてき》な方針《ほうしん》でした。
ザワ‥

みなで産《さん》を分《わ》かち、成長《せいちょう》し、栄《さか》えていく……
それが菩薩《ぼさつ》の行《ぎょう》っちゅうことなんかな

優秀《ゆうしゅう》な人材《じんざい》が育《そだ》つ理由《りゆう》②

会議制度《かいぎせいど》

(紅)《まるべに》伊藤本店《いとうほんみせ》で会議《かいぎ》が正式《せいしき》に運営《うんえい》されたのは、一八八五（明治《めいじ》一八）年《ねん》のこと。例会《れいかい》は月《つき》ごと、大会《たいかい》は半年《はんとし》ごとに実施《じっし》しています。店員同士《てんいんどうし》、互《たが》いに理解《りかい》し、納得《なっとく》の上《うえ》で営業方針《えいぎょうほうしん》を定《さだ》めようというもので、当時《とうじ》としては、極《きわ》めて進歩的《しんぽてき》な制度《せいど》でした。明治政府《めいじせいふ》の帝国《ていこく》議会《ぎかい》の開設《かいせつ》より五年前《ねんまえ》に遡《さかのぼ》るといえば、その進歩《しんぽ》ぶりがうかがえるのではないでしょうか。出席者《しゅっせきしゃ》は、人事《じんじ》評価《ひょうか》に基《もと》づき決《き》められたため、会議《かいぎ》に出席《しゅっせき》できることは店員《てんいん》の誇《ほこ》りでした。会議中《かいぎちゅう》、多《おお》くの質問《しつもん》を投《な》げかけることで若手《わかて》を指導《しどう》したため、出席者《しゅっせきしゃ》の向学心《こうがくしん》が刺激《しげき》され、優秀《ゆうしゅう》な人材《じんざい》が多《おお》く育《そだ》つことになりました。

利益三分主義《りえきさんぶんしゅぎ》

忠兵衛《ちゅうべえ》が、利益《りえき》の分配法《ぶんぱいほう》として採用《さいよう》した「利益三分《りえきさんぶん》法《ほう》」は、利益《りえき》を「本家《ほんけ》」、「店《みせ》の積立金《つみたてきん》」、「店員《てんいん》」の三《みっ》つに均等《きんとう》に配分《はいぶん》するもので、店員《てんいん》の勤労意欲《きんろういよく》をいっそう高《たか》めるものでした。これは実《じつ》は、江戸時代中期《えどじだいちゅうき》に確立《かくりつ》された近江商人《おうみしょうにん》の「※三《み》つ割銀《わりぎん》」と呼《よ》ばれる方法《ほうほう》の流《なが》れを汲《く》んでいます。現代風《げんだいふう》にいうと、利益《りえき》を元手《もとで》（資本《しほん》金《きん》）と重役《じゅうやく》に渡《わた》すボーナスとして配分《はいぶん》し、さらに残《のこ》りが出《で》れば会社《かいしゃ》の積立金《つみたてきん》にあてるというものです。働《はたら》いた成果《せいか》をお金《かね》で評価《ひょうか》する習慣《しゅうかん》のなかった江戸時代《えどじだい》の身《み》分制社会《ぶんせいしゃかい》において、非常《ひじょう》に画期的《かっきてき》な考《かんが》え方《かた》でした。

「利益《りえき》はまず店員《てんいん》と分《わ》かちたい」との忠兵衛《ちゅうべえ》の仏教的《ぶっきょうてき》倫理観《りんりかん》の現《あらわ》れとも、持《も》ち下《くだ》り商《あきな》いの現場《げんば》を身《み》をもって知《し》る忠兵衛《ちゅうべえ》の合理性《ごうりせい》、進歩性《しんぽせい》の現《あらわ》れだともいえます。

＊　＊　＊

商人《しょうにん》を卑《いや》しい者《もの》と考《かんが》える風潮《ふうちょう》が色濃《いろこ》かった明治時代《めいじじだい》前期《ぜんき》において、忠兵衛《ちゅうべえ》は、自身《じしん》の仕事《しごと》は社会《しゃかい》に貢献《こうけん》するものであり、店員《てんいん》を養成《ようせい》し独立《どくりつ》させることが、国《くに》のためになるという信念《しんねん》をもって全身全霊《ぜんしんぜんれい》で商《あきな》いに打《う》ち込《こ》みました。これら進歩的《しんぽてき》な人材育成《じんざいいくせい》システムを備《そな》えればこそ、やがて日本《にほん》を代表《だいひょう》することになる商社《しょうしゃ》の礎《いしずえ》が築《きず》かれたのでしょう。

※奉公人《ほうこうにん》に純利益《じゅんりえき》の三分《さんぶん》の一《いち》を配分《はいぶん》する制度《せいど》

大阪《おおさか》
〽《まるべに》伊《い》藤《とう》西店《にしみせ》
隣《となり》の新居《しんきょ》
本店《ほんみせ》から越《こ》してきはったと聞《き》きましたけどずい分広《ぶんひろ》うなって快適《かいてき》でしょう
最近《さいきん》体《からだ》の調子《ちょうし》が良《よ》うないし、西店《にしみせ》のことも気《き》になってな
おお、そうや。こいつはやゑの妹《いもうと》の子《こ》で鉄治郎《てつじろう》いうてなこっちに移《うつ》ってから身《み》の回《まわ》りの世話《せわ》をしてもうとるんや

※古川鉄治郎《ふるかわてつじろう》…1937(昭和《しょうわ》12)年《ねん》、故郷《こきょう》の豊郷村《とよさとむら》(後《のち》の豊郷町《とよさとちょう》)に、建築家《けんちくか》・ウィリアム・メレル・ヴォーリズ氏《し》の設計《せっけい》による小学校《しょうがっこう》(現《げん》・豊郷小学校旧校舎群《とよさとしょうがっこうきゅうこうしゃぐん》)を個人《こじん》で寄付《きふ》しました。その立派《りっぱ》さから「白亜《はくあ》の教育殿堂《きょういくでんどう》」「東洋一《とうよういち》の小学校《しょうがっこう》」と評《ひょう》され、2013(平成《へいせい》25)年《ねん》、国《くに》の登録有形文化財《とうろくゆうけいぶんかざい》に指定《してい》されました。

よろしく お願《ねが》いします
古川鉄治郎《ふるかわてつじろう》※
後《のち》に、丸紅《まるべに》の前身《ぜんしん》にあたる「丸紅商店《まるべにしょうてん》」の実質的経営者《じっしつてきけいえいしゃ》となる人物《じんぶつ》
おっ、君《きみ》も「てつじろう」言《い》うんか。同《おな》じやなあ
わしは外海鉄次郎《そとみてつじろう》。忠兵衛《ちゅうべえ》さんの姉《あね》の子《こ》つまり君《きみ》と同《おな》じ甥《おい》っ子《こ》や
叔父《おじ》さん、羅紗《らしゃ》はどうですか?
う〜ん、話題《わだい》の商品《しょうひん》で値《ね》が張《は》るもんやから旨味《うまみ》はあるんやけど、そやからこそ、掛《か》け売《う》りせなあかんかったり、売《う》れ残《のこ》りが出《で》やすかったりして、わしらの商《あきな》いになじみにくいところあるなあ
それやったら、こちらから外国《がいこく》に雑貨《ざっか》を輸出《ゆしゅつ》してみませんか?

輸出《ゆしゅつ》やと……
実《じつ》は今《いま》ちょうど創業《そうぎょう》したばかりの貿易会社《ぼうえきがいしゃ》がありまして……、
そこに参加《さんか》してみませんか?
わし英語《えいご》できますけん現地《げんち》に派遣《はけん》してください

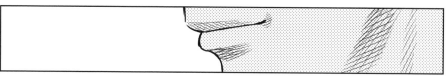

おもしろい！
1890（明治《めいじ》23）年《ねん》、貿易業《ぼうえきぎょう》に大《おお》いなる可能性《かのうせい》を感《かん》じていた忠兵衛《ちゅうべえ》は、「日本雑貨商社《にほんざっかしょうしゃ》」の株主《かぶぬし》となり、
翌年《よくねん》、同社《どうしゃ》のサンフランシスコ支店《してん》を買収《ばいしゅう》、「日本雑貨貿易商社《にほんざっかぼうえきしょうしゃ》」と改称《かいしょう》し、対米貿易《たいべいぼうえき》を始《はじ》めました。

この会社《かいしゃ》は1893（明治《めいじ》26）年《ねん》に、「伊藤外海組《いとうそとみぐみ》」と改組《かいそ》されます。
カラカラ…
体調《たいちょう》が万全《ばんぜん》やったら、今度《こんど》こそ渡航《とこう》したかったが……
いや、まだまだ
わしの夢《ゆめ》はこれからじゃ！

※豊郷村《とよさとむら》
忠兵衛《ちゅうべえ》家《け》
この※大どろぼうめが!
いつもいつもけんかばっかりしおって…
いや、でも、あいつらが…
次男《じなん》・精一《せいいち》
後《のち》の二代目忠兵衛《にだいめちゅうべえ》

※豊郷村《とよさとむら》……1889(明治《めいじ》22)年《ねん》の町村制《ちょうそんせい》の施行《しこう》により八目村《はちめむら》は豊郷村《とよさとむら》となりました。

※大《おお》どろぼう…この地域《ちいき》では、当時《とうじ》、「悪童《あくどう》」を「どろぼう」、その首領《しゅりょう》格《かく》を「大《おお》どろぼう」といいました。

言《い》い訳《わけ》をするな!
とき
お前《まえ》は将来《しょうらい》わしの跡《あと》を継《つ》ぐんやぞ
こう
そんなことでは…うっ
ギリ
とき、こう、いいから精一《せいいち》を連《つ》れて行《い》きなさい
ダダ…
心配《しんぱい》するな。大丈夫《だいじょうぶ》や
本当《ほんとう》に体《からだ》を壊《こわ》してしまいますよ
ただでさえお忙《いそが》しいのにこの村《むら》の村長《そんちょう》にもなられて……
郷里《きょうり》のためと言《い》われたら断《ことわ》るわけにはいかんやろ

子育《こそだ》て編《へん》

忠兵衛《ちゅうべえ》とやゑは、長男《ちょうなん》を生後一か月《せいごいっげつ》でなくしていますが、三人《さんにん》の子《こ》どもに恵《めぐ》まれました。大阪出店《おおさかしゅってん》の前年《ぜんねん》の明治《めいじ》四年《ねん》に長女《ちょうじょ》・とき、明治《めいじ》八年《ねん》に二女《じじょ》・こう、明《めい》治《じ》一九年《ねん》に次男《じなん》・精一《せいいち》（後《のち》の二代目《にだいめ》忠《ちゅう》兵《べ》衛《え》）が誕生《たんじょう》しています。

当時《とうじ》の近江商人《おうみしょうにん》の商習慣《しょうしゅうかん》から、父子《ふし》が寝食《しんしょく》を共《とも》にできたのは、一年《いちねん》の内《うち》、二《に》〜三〇日《さんじゅうにち》だったにもかかわらず、後継者《こうけいしゃ》となる次男《じなん》・精一《せいいち》に対《たい》しては、しつけのため、十歳《じっさい》になると近村《きんそん》の教育者《きょういくしゃ》に預《あず》け、久《ひさ》しぶりに帰宅《きたく》した際《さい》にも決《けっ》して呼《よ》び戻《もど》しませんでした。「私《わたし》に対《たい》する峻厳《しゅんげん》さは、今《いま》に至《いた》って追懐《ついかい》すると父《ちち》が気《き》の毒《どく》になる」と後《のち》に精一《せいいち》が記《しる》しています。とはいえ、精《せい》一《いち》が生《う》まれた年《とし》には、「牛乳《ぎゅうにゅう》を飲《の》み、牛肉《ぎゅうにく》もよく食《た》べるよう」やゑに手紙《てがみ》で指示《しじ》し、娘《むすめ》たちの学業《がくぎょう》についても何度《なんど》もやゑと手《て》紙《がみ》をやりとりしており、子育《こそだ》てにもひたむきであった様子《ようす》がうかがえます。

そや!
きゃあぁ!
ちょ、ちょっと!
……まったくもう
◎東洋《とうよう》のマンチェスター
大阪《おおさか》

◎東洋《とうよう》のマンチェスター大阪《おおさか》
当時《とうじ》イギリスのマンチェスターは世界一《せかいいち》の※紡績産業《ぼうせきさんぎょう》の都市《とし》として繁栄《はんえい》していました。
そのイギリスの技術《ぎじゅつ》を採用《さいよう》した近代的《きんだいてき》な設備《せつび》を誇《ほこ》る「大阪紡績会社《おおさかぼうせきがいしゃ》」が創業《そうぎょう》されたことにより大阪《おおさか》に紡績産業《ぼうせきさんぎょう》が起《お》こり、〝東洋《とうよう》のマンチェスター〟と呼《よ》ばれつつありました。

※紡績《ぼうせき》…麻《あさ》、綿《めん》、絹《きぬ》などの繊維《せんい》を糸《いと》にすること

1893（明治《めいじ》26）年《ねん》大阪市《おおさかし》・安土町《あづちまち》2丁目《ちょうめ》に綿糸卸商《めんしおろししょう》「(糸)伊藤糸店《まるいといとういとみせ》」を開店《かいてん》。

頼《たの》むでみんな、主人《しゅじん》の忠次郎《ちゅうじろう》を支《ささ》えて気張《きば》ってくれや
伊藤《いとう》 忠次郎《ちゅうじろう》
長女《ちょうじょ》・ときの婿養子《むこようし》となり「鈴木福松《すずきふくまつ》」から改名《かいめい》
みなさんよろしゅう頼《たの》みます
後見支配人《こうけんしはいにん》としてしっかり支《ささ》えるつもりです
田附《たづけ》 源兵衛《げんべえ》
入店《にゅうてん》したての若輩者《じゃくはいもの》を主任《しゅにん》に抜擢《ばってき》していただき恐縮《きょうしゅく》です。必《かなら》ずや期待《きたい》にお応《こた》えします！
村岸《むらぎし》 休五郎《きゅうごろう》
後《のち》の伊藤忠商事取締役《いとうちゅうしょうじとりしまりやく》
経験《けいけん》や年齢《ねんれい》なんぞ関係《かんけい》あるかい。わしの目《め》に狂《くる》いがないことを証明《しょうめい》してくれや
はい！

まぁ紡績《ぼうせき》っちゅうんは新興商品《しんこうしょうひん》やからなかなか取引《とりひき》が安定《あんてい》せえへん
でも日本《にほん》が世界《せかい》に出《で》ていくためには紡績業《ぼうせきぎょう》は必要《ひつよう》なもんや、商《あきな》いするからにはそこに関《かか》わっておかなあかんと思《おも》とる
私《わたし》も母《かあ》さんみたいに忠次郎《ちゅうじろう》さんを支《ささ》えていくわ
忠兵衛《ちゅうべえ》が予想《よそう》した通《とお》り、伊藤糸店《いとういとみせ》は創業《そうぎょう》から約《やく》10年間《ねんかん》、経営《けいえい》の苦《くる》しい状態《じょうたい》が続《つづ》きました。
苦境《くきょう》に立《た》つたびに、忠兵衛《ちゅうべえ》は本家《ほんけ》から資金《しきん》をつぎ込《こ》み、時《とき》には私財《しざい》を投《とう》じてまさに愛娘《まなむすめ》を守《まも》るように、支《ささ》え続《つづ》けました。
現在《げんざい》の伊藤忠商事《いとうちゅうしょうじ》は、この「伊藤糸店《いとういとみせ》」が根幹《こんかん》となって発展《はってん》したものです。
ITOCHU

大阪《おおさか》
伊《い》藤《とう》西《にし》店《みせ》控《ひかえ》家《や》
こう頻繁《ひんぱん》に寝込《ねこ》まれるようでは……しばらく療養《りょうよう》された方《ほう》が良《よ》いのではありませんか？
いらん！
今《いま》は新《あたら》しい事業《じぎょう》の正念場《しょうねんば》。引《ひ》くわけにはいかんのじゃ
糸店《いとみせ》は紡績《ぼうせき》の市場《しじょう》が乱高下《らんこうげ》してどうにもならん。
この体《からだ》がもう少《すこ》しどないかなれば……

今年《ことし》に入《はい》って
兄者《あにじゃ》が亡《な》くなった。
父《ちち》と同《おな》じく
60代前半《だいぜんはん》……
わしも
そろそろのようじゃ
ええい、
くそっ！
ス――‥

どうしたん、叔父《おじ》さん
……鉄治郎《てつじろう》
寝込《ねこ》んでるっちゅうから、お見舞《みまい》いに来《き》たんや
古川《ふるかわ》 鉄治郎《てつじろう》
……鉄《てつ》、お前《まえ》しばらく見《み》ない間《あいだ》になんや雰囲気《ふんいき》変《か》わったの
ははっ、ここに来《き》てもう6年《ねん》、今《いま》はもう立派《りっぱ》な伊藤本店《いとうほんみせ》の店員《てんいん》ですよ
……そやな

店《みせ》のみんなはどないしてる？
……叔父《おじ》さん、この前《まえ》京店《きょうみせ》の主任《しゅにん》に嶋瀬《しませ》さんを任命《にんめい》しはったやろ
ああ
糸店《いとみせ》の村岸《むらぎし》さんもそうやけど、伊藤商店《いとうしょうてん》ではどんなに若《わか》かろうと能力《のうりょく》さえあれば大役《たいやく》を任《まか》せてもらえる
だから店《みせ》のみんなが、毎日《まいにち》、一生懸命《いっしょうけんめい》前見《まえみ》て頑張《がんば》らせてもうてます

……そうか、そうやな
たとえわしに限界《げんかい》があっても
後《あと》に続《つづ》く者《もの》がおれば……

「紅《かくべに》伊藤《いとう》京店《きょうみせ》」は、
1890（明治《めいじ》23）年《ねん》に
室町通《むろまちどお》り蛸薬師《たこやくし》下《さが》る山伏山町《やまぶしやまちょう》へ、
1895（明治《めいじ》28）年《ねん》に
室町通《むろまちどお》り四条《しじょう》下《さが》る鶏鉾町《にわとりぼこちょう》へ
移転《いてん》しました。
本当《ほんとう》は移転《いてん》やなくて建《た》て替《か》えの予定《よてい》やったんやけどな
建《た》て替《か》えのときにボヤ騒《さわ》ぎ起《お》こしてしまいましたから……
…ほんま今思《いまおも》い返《かえ》しても腹立《はらた》つわ
わしがわざわざご近所《きんじょ》にお詫《わ》びに行《い》ったのに……

だいたい紅《かくべに》さんは店《みせ》の人《ひと》が若《わか》すぎるんちゃいますか。我々《われわれ》は心配《しんぱい》でたまりまへんな～
大工《だいく》の不注意《ふちゅうい》で起《お》こった火事《かじ》に店《みせ》の者《もん》の年齢《ねんれい》が関係《かんけい》あるかいな！
あんな失礼《しつれい》なこと言《い》うやつと同《おな》じ町《まち》で仕事《しごと》しようとは思《おも》わんわ
忠兵衛《ちゅうべえ》は隣人《りんじん》に店員《てんいん》のことを悪《わる》く言《い》われたその日《ひ》のうちに土地《とち》を買《か》い、翌朝《よくあさ》から新築《しんちく》を開始《かいし》しました。
……ありがとうございます
ペコッ

ふむ、それで新商品開発《しんしょうひんかいはつ》の話《はなし》やがな
はい、年々扱《ねんねんあつか》う商品《しょうひん》は増《ふ》えてるんですが、これぞ紅《かくべに》っちゅう商品《しょうひん》をつくらなあかんと思《おも》うてまして……
わしも考《かんが》えたんやがな…
ご維新後《いしんご》、冠婚葬祭用《かんこんそうさいよう》に黒紋付着《くろもんつきき》るようになったやろ。あれを開発《かいはつ》したらどうや
……黒紋付《くろもんつき》
よっしゃ、君《きみ》が責任《せきにん》もって、紅《かくべに》の看板商品《かんばんしょうひん》となる黒紋付《くろもんつき》を開発《かいはつ》しなさい。任《まか》せたで
は、はい！
……実《じつ》は今度《こんど》療養《りょうよう》のために神戸《こうべ》の須磨《すま》に移《うつ》ることになってな
えっ…

できればそこへ
良《よ》い知《し》らせを
持《も》ってきてくれや
1896（明治《めいじ》29）年《ねん》
神戸《こうべ》・須磨《すま》の別荘《べっそう》
お父《とう》さん、
体《からだ》の具合《ぐあい》はどう?
おう、
こっちに移《うつ》ってから
だいぶようなってきたわ

店《みせ》の方《ほう》は私《わたし》たちに任《まか》せてしばらくゆっくり休《やす》んでください
はい、良蔵《りょうぞう》さんに助力《じょりょく》を仰《あお》ぎながら、私《わたし》も全力《ぜんりょく》を尽《つ》くします！
伊藤《いとう》 忠三《ちゅうぞう》
次女《じじょ》・こうの婿養子《むこようし》となり
「山本繁太郎《やまもとしげたろう》」から改名《かいめい》
忠兵衛《ちゅうべえ》は主人代行《しゅじんだいこう》の婿《むこ》の忠三《ちゅうぞう》に本店支配人《ほんみせしはいにん》の田中良蔵《たなかりょうぞう》をつけ、すべて任《まか》せていました。
あなた、京店《きょうみせ》の嶋瀬《しませ》さんがお見《み》えですよ
おう、来《き》たな

これが「緋桜《ひざくら》」か
色艶《いろつや》も優美《ゆうび》やし、高貴《こうき》な品格《ひんかく》も感《かん》じられる
新《あたら》しい染色法《せんしょくほう》を開発《かいはつ》したらしいのう
はい、
それによって従来品《じゅうらいひん》のような変色《へんしょく》や紋《もん》の剥《は》がれ落《お》ちなどの欠点《けってん》を一掃《いっそう》することに成功《せいこう》しました
……うむ、
ようやったな、芳太郎《よしたろう》

グ゛、、
あ、ありがとうございます！
「緋桜《ひざくら》」は1900(明治《めいじ》33)年《ねん》の皇太子嘉仁親王《こうたいしよしひとしんのう》(後《のち》の大正天皇《たいしょうてんのう》)と九条節子《くじょうせつこ》さん(後《のち》の貞明皇后《ていめいこうごう》)とのご成婚《せいこん》の際《さい》、妃殿下《ひでんか》よりご下命《かめい》を賜《たまわ》りました。
以来《いらい》、伊藤京店《いとうきょうみせ》の黒紋付《くろもんつき》は「九重染《ここのえぞめ》」と改名《かいめい》され、伊藤本店《いとうほんみせ》では「※九重繻子《ここのえしゅす》」銘《めい》で販売《はんばい》されました。
その染色技術《せんしょくぎじゅつ》とともに、伊藤商店《いとうしょうてん》の名声《めいせい》を高《たか》めることになりました。
宮内省御用品
九重繻子
製織元
九重染
黒染紋付地

※繻子《しゅす》…繻子織《しゅすお》り。平織《ひらおり》や綾織《あやおり》など他《ほか》の織《お》り方《かた》に比《くら》べるとタテ糸《いと》もしくはヨコ糸《いと》が表面《おもてめん》に長《なが》く出《で》るので、なめらかで光沢《こうたく》があるのが特徴《とくちょう》。

頼《たの》む。近江銀行《おうみぎんこう》を助《たす》けてほしい
頭取《とうどり》を引《ひ》き受《う》けてもらえんやろか
「近江銀行《おうみぎんこう》」は、忠兵衛《ちゅうべえ》ら地元《じもと》の実業家《じつぎょうか》が出資《しゅっし》し、1894(明治《めいじ》27)年《ねん》に設立《せつりつ》されました。
しかし、1901(明治《めいじ》34)年《ねん》に綿紡績業《めんぼうせきぎょう》、絹織物業《きぬおりものぎょう》の急落《きゅうらく》で恐慌《きょうこう》が起《お》こると、多数《たすう》の銀行《ぎんこう》の支払《しはら》い停止《ていし》が発生《はっせい》。近江銀行《おうみぎんこう》も減資《げんし》することになりました。
お待《ま》ちください。近江銀行《おうみぎんこう》の創設者《そうせつしゃ》は他《ほか》にもおられます。わざわざ療養中《りょうようちゅう》の主《あるじ》に頼《たの》まれなくとも……
他《ほか》の方々《かたがた》は断《ことわ》っておると聞《き》いている
……

フッ
近江《おうみ》の名前《なまえ》を冠《かん》した銀行《ぎんこう》に万一のことがあっては近江商人《おうみしょうにん》の名折《なお》れ…
わかりました。お引《ひ》き受《う》けしましょう
すみません……。この状況《じょうきょう》を収束《しゅうそく》できる人《ひと》は、忠兵衛《ちゅうべえ》さんの他《ほか》に思《おも》いあたらんのです

ジー…
郷里《きょうり》のためじゃ。仕方《しかた》あるまい
大阪《おおさか》
近江銀行本店《おうみぎんこうほんてん》
現在《げんざい》の預金高《よきんだか》はおよそ60万円《まんえん》にまで激減《げきげん》しておる
目指《めざ》すは150万円《まんえん》！みんなでこの危機《きき》を乗《の》り越《こ》えるんじゃ！

はい！
忠兵衛《ちゅうべえ》は須磨《すま》の別邸《べってい》から病《やまい》をおして毎日《まいにち》のように銀行《ぎんこう》に行《い》き、先頭《せんとう》に立《た》って得意先《とくいさき》を回《まわ》りました。
そこをひとつなんとか…
頼《たの》むわ
わしが行《い》かにゃぁ話《はなし》ができんやて？
よっしゃ！

ガラ
ガラ
うおおっ！急《いそ》げぇ～！
頭取《とうどり》、さすがに丹前姿《たんぜんすがた》のままではマズいのでは……
これでようやく立《た》て直《なお》しの目途《めど》が立《た》ちました
これも頭取《とうどり》のご指導《しどう》のおかげです
何《なに》を言《い》うか、みなで頑張《がんば》った結果《けっか》よ…

パタン
ドスッ
フぅ。。
忠兵衛《ちゅうべえ》は2年《ねん》ほど務《つと》めた後《のち》の
1902（明治《めいじ》35）年《ねん》に
頭取《とうどり》を退任《たいにん》。
近江銀行存続《おうみぎんこうそんぞく》の役目《やくめ》を
果《は》たしました。
しかし、この時《とき》の激務《げきむ》が
結果《けっか》として忠兵衛《ちゅうべえ》の命《いのち》を
縮《ちぢ》めることに――。

よりによって
博覧会開催日直前《はくらんかいかいさいびちょくぜん》に
動《うご》けんようになるとは……
1903（明治《めいじ》36）年《ねん》
3月1日《がつついたち》、
第《だい》5回内国勧業博覧会《かいないこくかんぎょうはくらんかい》が
大阪《おおさか》で開催《かいさい》されました。
日清戦争《にっしんせんそう》に勝利《しょうり》し、企業《きぎょう》が
活発《かっぱつ》に市場《しじょう》を拡大《かくだい》していた
時期《じき》にあたり、産業振興《さんぎょうしんこう》を
目的《もくてき》とする博覧会《はくらんかい》への期待《きたい》は
大変大《たいへんおお》きなものでした。
ウチの商品《しょうひん》が
展示《てんじ》されているところを
見《み》たいんやがなあ
伊藤本店《いとうほんみせ》や伊藤京店《いとうきょうみせ》から、
九重繻子《ここのえしゅす》や九重染《ここのえぞめ》などを
出品《しゅっぴん》していました。

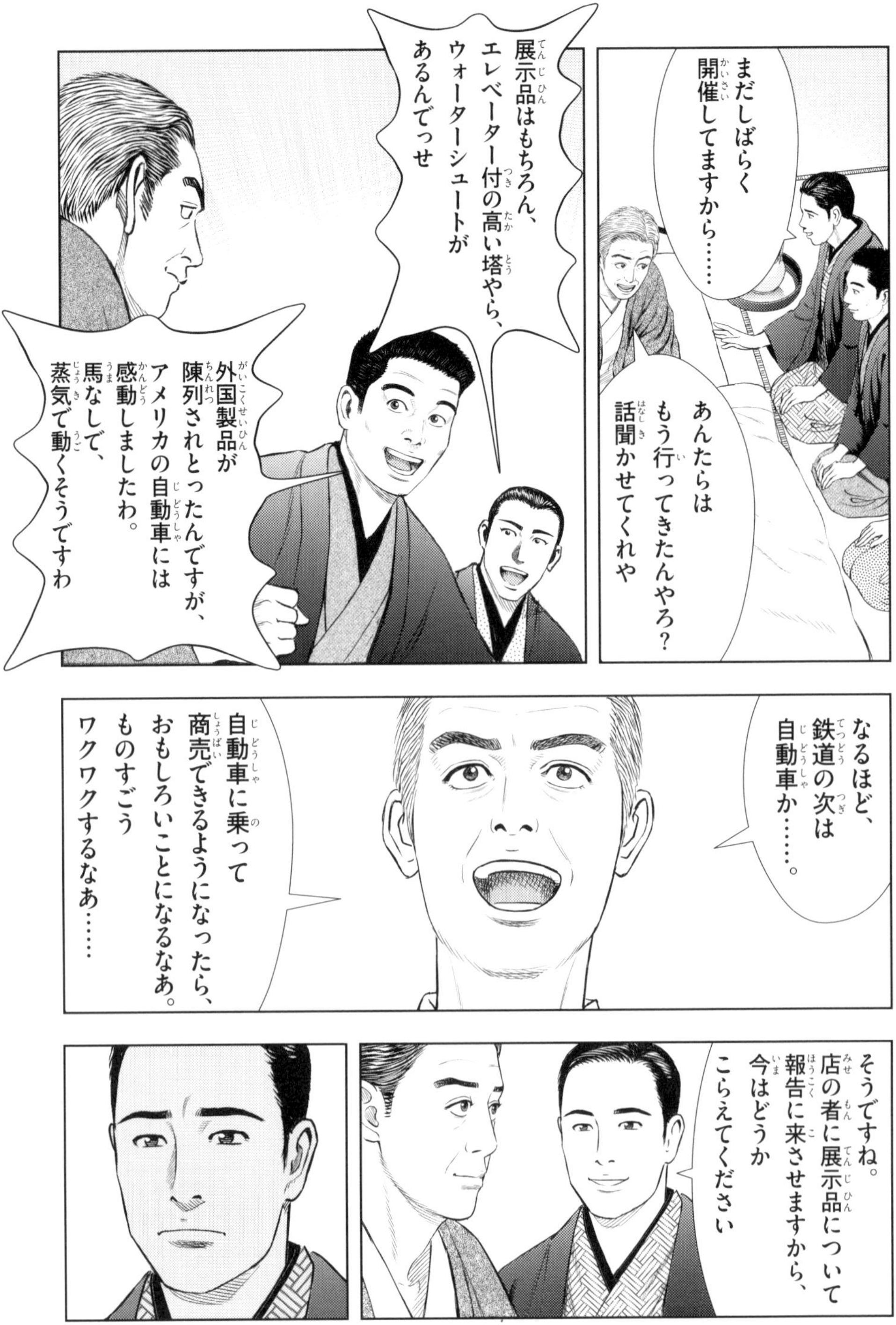
まだしばらく開催《かいさい》してますから……
あんたらはもう行《い》ってきたんやろ？話《はなし》聞《き》かせてくれや
展示品《てんじひん》はもちろん、エレベーター付《つき》の高《たか》い塔《とう》やら、ウォーターシュートがあるんでっせ
外国製品《がいこくせいひん》が陳列《ちんれつ》されとったんですが、アメリカの自動車《じどうしゃ》には感動《かんどう》しましたわ。馬《うま》なしで、蒸気《じょうき》で動《うご》くそうですわ
なるほど、鉄道《てつどう》の次《つぎ》は自動車《じどうしゃ》か……。
自動車《じどうしゃ》に乗《の》って商売《しょうばい》できるようになったら、おもしろいことになるなあ。ものすごうワクワクするなあ……
そうですね。店《みせ》の者《もん》に展示品《てんじひん》について報告《ほうこく》に来《こ》させますから、今《いま》はどうかこらえてください

1カ月後《げつご》、
法友《ほうゆう》・高崎新兵衛《たかさきしんべえ》が
病床《びょうしょう》を見舞《みま》いました。
なんとか頑張《がんば》ってきましたが……
どうやら、この度《たび》がこの世《よ》の別《わか》れとなりそうです
あの世《よ》でまたお会《あ》いすることになりましょうが、ひとまず……
サササッ
この世《よ》のお暇乞《いとまご》いに一句《いっく》……

※南無阿弥陀仏《なむあみだぶつ》
となふるみなと梅干《うめぼし》は
熱《ねつ》かありても味《あじ》はかはらし
ほっほっほっ。
ほんにほんに……

※南無阿弥陀仏《なむあみだぶつ》～……幼少時《ようしょうじ》より朝夕《あさゆう》の礼拝読経《れいはいどきょう》を欠《か》かさない熱心《ねっしん》な浄土真宗門徒《じょうどしんしゅうもんと》であった忠兵衛《ちゅうべえ》。梅干《うめぼ》しも終生《しゅうせい》、郷里《きょうり》の梅《うめ》で漬《つ》けたものを好《この》んだ。念仏《ねんぶつ》（仏《ほとけ》の教《おし》え）と梅干《うめぼ》し（故郷《こきょう》・家族《かぞく》）の味《あじ》、ありがたさを詠《よ》んだ一句《いっく》。

3カ月後《げつご》
精一《せいいち》
ふっ…来《き》たな、大《おお》どろぼう

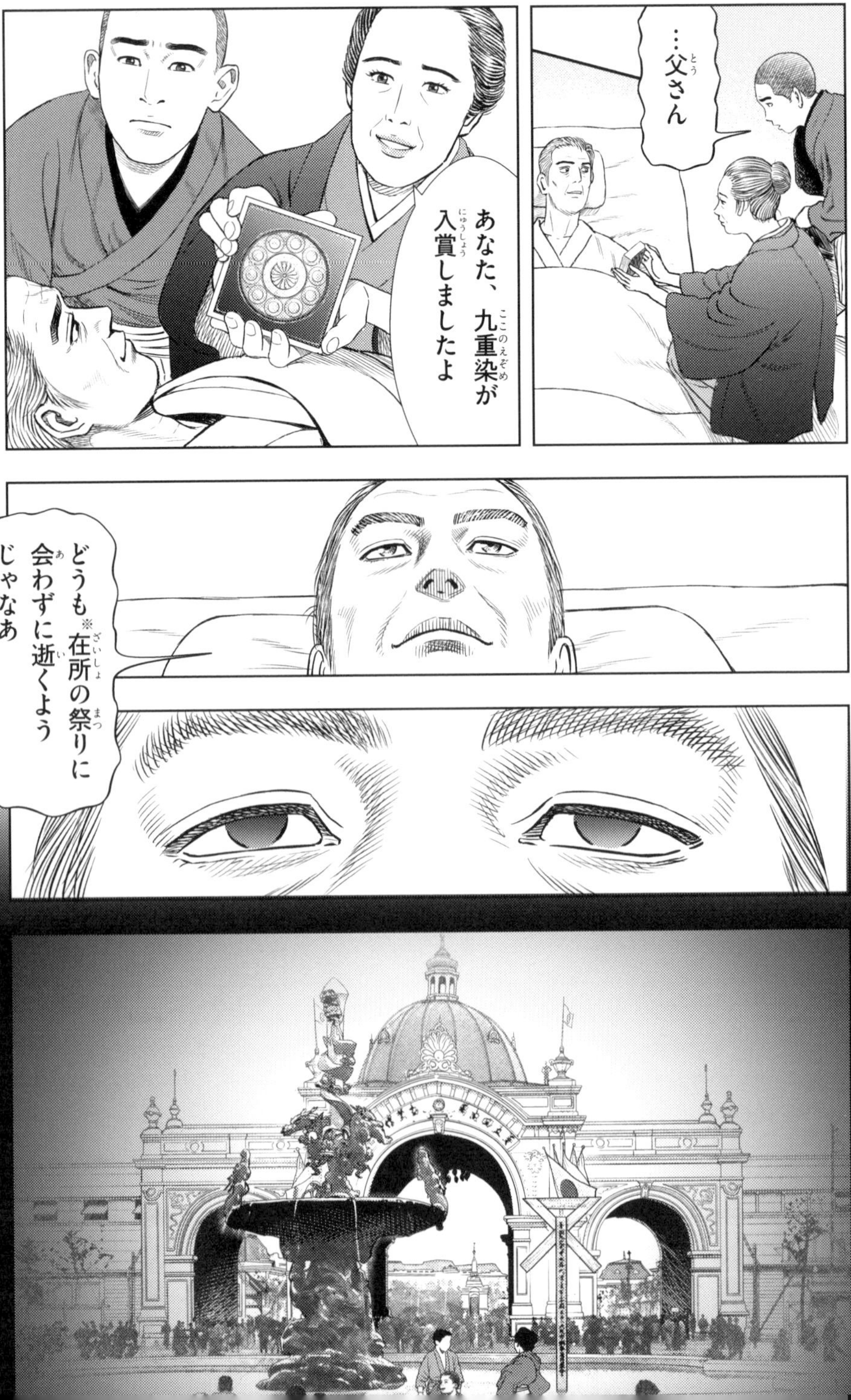
…父《とう》さん
あなた、九重染《ここのえぞめ》が入賞《にゅうしょう》しましたよ
どうも※在所《ざいしょ》の祭《まつ》りに会《あ》わずに逝《い》くようじゃなあ

※在所《ざいしょ》…国《くに》もと。郷里《きょうり》のいなか。

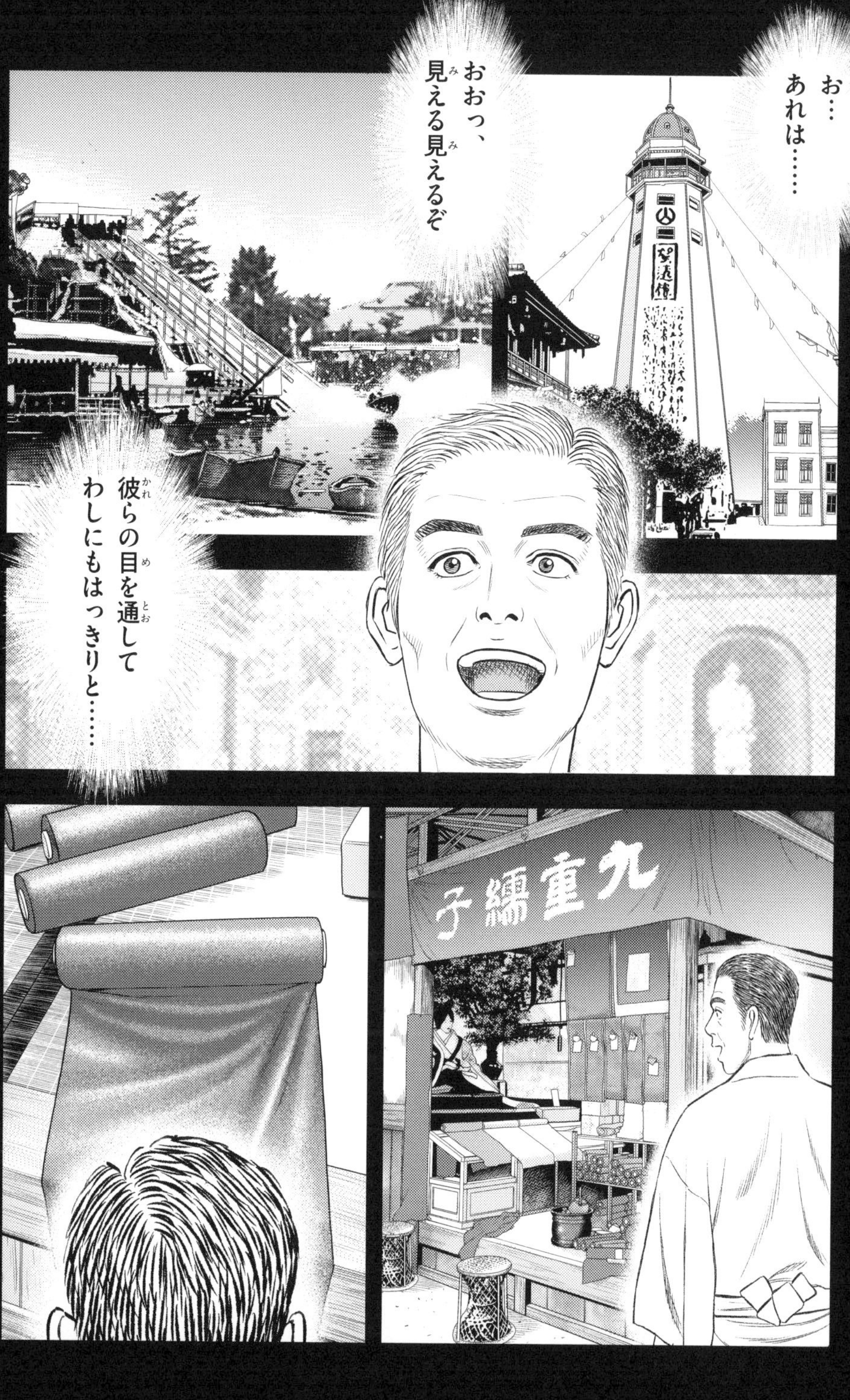
お…
あれは……
おおっ、
見《み》える見《み》えるぞ
彼《かれ》らの目《め》を通《とお》して
わしにもはっきりと……
九重繻子

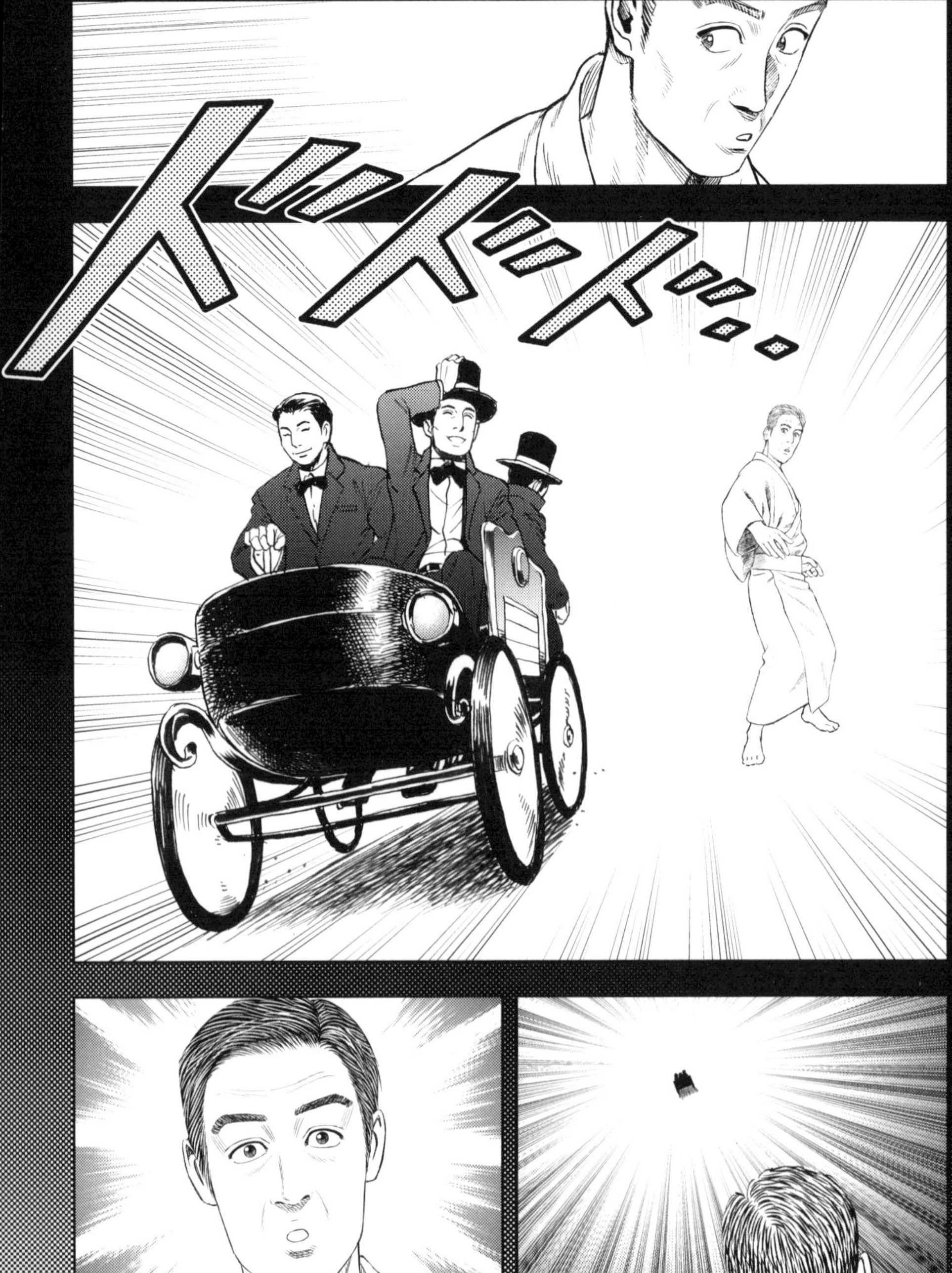
ズドド‥

……行《い》くぞ
おうっ！

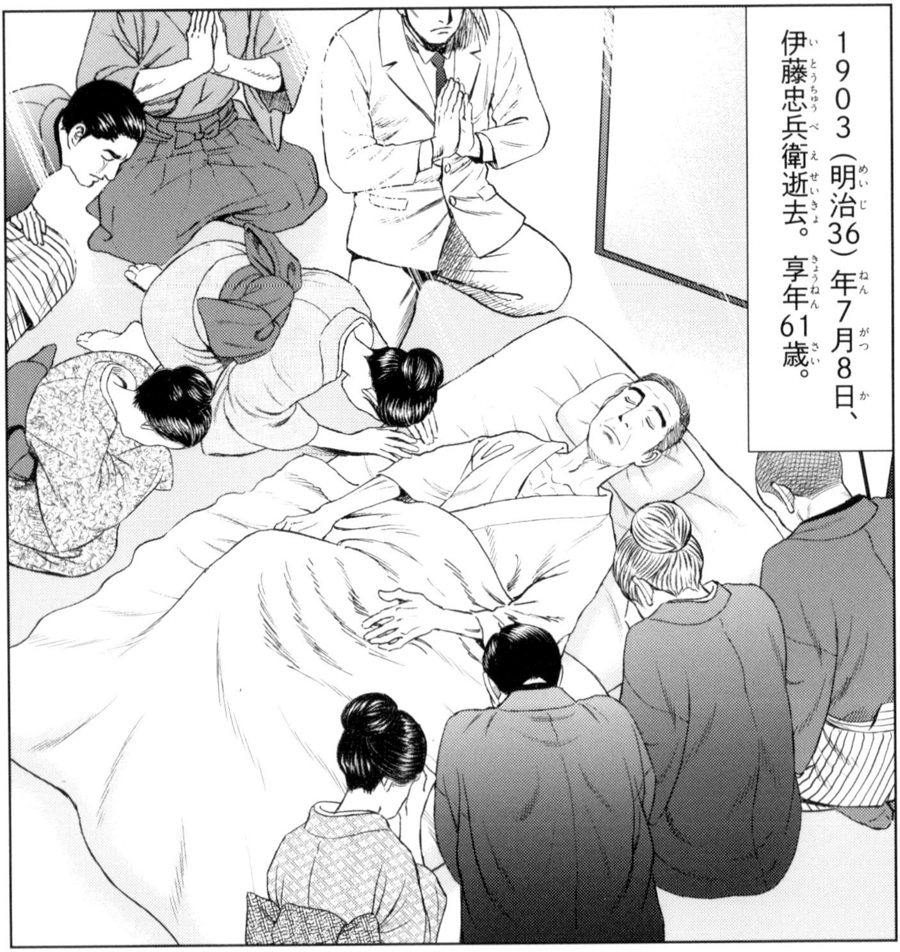
1903（明治《めいじ》36）年《ねん》7月《がつ》8日《か》、
伊藤忠兵衛《いとうちゅうべえ》逝去《せいきょ》。享年《きょうねん》61歳《さい》。

7月《がつ》12日《にち》、故郷《こきょう》の豊郷村《とよさとむら》で葬儀《そうぎ》が行《おこな》われました。
本葬《ほんそう》には、約《やく》3千人《ぜんにん》が長蛇《ちょうだ》の列《れつ》をなし、沿道《えんどう》には近村《きんそん》からたくさんの会葬者《かいそうしゃ》が見送《みおく》り……
豊郷《とよさと》始《はじ》まって以来《いらい》の盛大《せいだい》な御葬儀《ごそうぎ》であったと言《い》われています。

「ええか、精一《せいいち》。
理由《りゆう》のあることで
仕事《しごと》を潰《つぶ》しても、
決《けっ》して文句《もんく》はいわん。
じゃがなあ、全事業《ぜんじぎょう》、全財産《ぜんざいさん》
うしなったとしても
念仏《ねんぶつ》の味《あじ》、ありがたさだけは
忘《わす》れてはいかん。
仕事《しごと》も生活《せいかつ》もすべてそこに
乗《の》せてほしい」
――生前《せいぜん》の忠兵衛《ちゅうべえ》が、精一《せいいち》に刻《きざ》んだ言葉《ことば》です。

忠兵衛《ちゅうべえ》の亡《な》くなったこの年《とし》、精一《せいいち》はまだ滋賀県立商業学校《しがけんりつしょうぎょうがっこう》に通《かよ》う十七歳《さい》。通夜《つや》の席《せき》で、「二代目伊藤《にだいめいとう》忠兵衛《ちゅうべえ》」を襲名《しゅうめい》しましたが、やゑの判断《はんだん》で、翌春《よくしゅん》の学校卒業《がっこうそつぎょう》を待《ま》って、一九〇四（明治《めいじ》三七）年《ねん》より約《やく》五年間《ごねんかん》、丁稚小僧《でっちこぞう》として下積《したづ》み仕事《しごと》を重《かさ》ねます。その後《ご》、初代《しょだい》の精神《せいしん》を継《つ》ぐ店員《てんいん》らとともに、世界大《せかいたい》戦《せん》と恐慌《きょうこう》の大波《おおなみ》が次々《つぎつぎ》と押《お》し寄《よ》せた大正《たいしょう》～昭和《しょうわ》の経営《けいえい》の舵取《かじと》り役《やく》へと成長《せいちょう》していきます。

一九一四（大正《たいしょう》三）年《ねん》には「伊藤忠合名会社《いとうちゅうごめいがいしゃ》」を発足《ほっそく》させて個人商店《こじんしょうてん》から法人化《ほうじんか》を遂《と》げ、一九一八（大《たい》正《しょう》七）年《ねん》には、呉服太物《ごふくふともの》を取《と》り扱《あつか》う「株式会社伊藤忠商店《かぶしきがいしゃいとうちゅうしょうてん》」と綿糸《めんし》・綿布《めんぷ》を取《と》り扱《あつか》う「伊藤忠商事株式会《いとうちゅうしょうじかぶしきがい》社《しゃ》」が設立《せつりつ》されました。また、一九二一（大正《たいしょう》十）年《ねん》には、初代忠兵衛《しょだいちゅうべえ》が大阪《おおさか》に出店《しゅってん》して以来《いらい》、博多《はかた》・京都《きょうと》を拠点《きょてん》としていた「伊藤長兵衛商店《いとうちょうべえしょうてん》（店主《てんしゅ》は九代目長兵衛《きゅうだいめちょうべえ》）」と「伊藤忠商店《いとうちゅうしょうてん》」が、約《やく》五十年《ねん》の時《とき》を経《へ》て合併《がっぺい》し、「株式会社丸紅商店《かぶしきがいしゃまるべにしょうてん》」が発足《ほっそく》するなど、時機《じき》を捉《とら》えた大胆《だいたん》な組織再編《そしきさいへん》を繰《く》り返《かえ》し、現在《げんざい》の丸紅《まるべに》、伊藤忠商事《いとうちゅうしょうじ》の基礎《きそ》が築《きず》かれていきました。そんな二代目忠兵衛《にだいめちゅうべえ》と、古川鉄治郎《ふるかわてつじろう》、逸見竹之助《いつみたけのすけ》など初代《しょだい》の薫陶《くんとう》を受《う》けた若《わか》き店員《てんいん》らで紡《つむ》がれる物語《ものがたり》は、初代《しょだい》の物語《ものがたり》に負《ま》けず劣《おと》らずエキサイティングです。

またの機会《きかい》にぜひ——。

新《あたら》しい取《と》り組《く》み（その他《ほか》）

「商業者《しょうぎょうしゃ》の貴《とうと》ぶところは機敏《きびん》にあり」と説《と》いた忠兵《ちゅうべ》衛《え》。それだけに店法《たなほう》の制定《せいてい》、会議制度《かいぎせいど》の導入《どうにゅう》、利益三《りえきさん》分主義《ぶんしゅぎ》など、彼《かれ》の事業経営《じぎょうけいえい》は新《あたら》しさに満《み》ちています。その他《ほか》の先駆的《せんくてき》な取《と》り組《く》みも紹介《しょうかい》しておきます。

洋式簿記《ようしきぼき》の採用《さいよう》と学卒者《がくそつしゃ》の採用《さいよう》

一八九三（明治《めいじ》二六）年《ねん》の「伊藤糸店《いとういとみせ》」の開店《かいてん》とともに、忠兵衛《ちゅうべえ》は店法《たなほう》の成文化《せいぶんか》に着手《ちゃくしゅ》し、併《あわ》せて取引《とりひき》の記帳方法《きちょうほうほう》にも大《おお》きな改革《かいかく》を行《おこな》いました。創業以来使《そうぎょういらいつか》い慣《な》れていた「大福帳《だいふくちょう》」を四店《てん》ともで廃止《はいし》し、新《あら》たに洋式《ようしき》の商業簿記《しょうぎょうぼき》を取《と》り入《い》れたのです。そのため専門知識《せんもんちしき》を持《も》つ商業学校《しょうぎょうがっこう》の卒業生《そつぎょうせい》を採用《さいよう》するようになりました。結果的《けっかてき》に徒弟制度《とていせいど》の消滅《しょうめつ》へとつながる、画期的《かっきてき》な改革《かいかく》だと言《い》われています。

運送保険《うんそうほけん》の利用《りよう》

貿易業《ぼうえきぎょう》に強《つよ》く惹《ひ》かれていた忠兵衛《ちゅうべえ》。なかなか思《おも》うように発展《はってん》させられなかったものの、貿易業《ぼうえきぎょう》における商《しょう》習慣《しゅうかん》も先駆的《せんくてき》に取《と》り入《い》れています。一八八七（明治《めいじ》二〇）年《ねん》に、「伊藤西店《いとうにしみせ》」が多量《たりょう》の毛織物《けおりもの》をイギリス・ドイツから輸入《ゆにゅう》した際《さい》、これらを積《つ》んだ船《ふね》がコロンボ沖《おき》で沈没《ちんぼつ》。当時《とうじ》、日本《にほん》では保険制度《ほけんせいど》が発達《はったつ》しておらず、「全損《ぜんそん》」と見《み》られていましたが、たまたまイギリスで出《しゅっ》荷主《かぬし》を通《つう》じ保険契約《ほけんけいやく》が結《むす》ばれていたため、保険金《ほけんきん》が元《げん》価《か》の二割《わり》も多《おお》くなって返《かえ》ってきました。保険制度《ほけんせいど》の重《じゅう》要性《ようせい》を痛感《つうかん》した忠兵衛《ちゅうべえ》は、この時《とき》を境《さかい》に、九州《きゅうしゅう》・四国《しこく》など遠隔地域《えんかくちいき》へ送《おく》る商品《しょうひん》には必《かなら》ず保険《ほけん》をつけていました。

機関誌《きかんし》『実業《じつぎょう》』の発行《はっこう》

忠兵衛《ちゅうべえ》は、一八九八（明治《めいじ》三一）年《ねん》三月《がつ》　月刊誌《げっかんし》『実《じつ》業《ぎょう》』〈英文名《えいぶんめい》　The Business〉を発刊《はっかん》しました。同誌《どうし》は格調高《かくちょうたか》い政治《せいじ》、経済《けいざい》、社会時評《しゃかいじひょう》、貿易《ぼうえき》、金融情勢《きんゆうじょうせい》、商《しょう》品《ひん》の市況《しきょう》と需給状況《じゅきゅうじょうきょう》、景気見通《けいきみとお》しの他《ほか》にも、小説《しょうせつ》、俳《はい》句《く》、列車時刻表《れっしゃじこくひょう》、観光案内《かんこうあんない》、広告《こうこく》などが掲載《けいさい》され、非《ひ》常《じょう》に充実《じゅうじつ》した内容《ないよう》でした。特《とく》に主要織物《しゅようおりもの》の統計《とうけい》、生産《せいさん》地《ち》の商況及《しょうきょうおよ》び相場表《そうばひょう》に多《おお》くのページを当《あ》てていたため、織物業界《おりものぎょうかい》の指導誌《しどうし》ともなり、一部《いちぶ》は市販《しはん》され、大正初《たいしょうしょ》期《き》まで発刊《はっかん》されていました。

初代伊藤忠兵衛《しょだいいとうちゅうべえ》の事業《じぎょう》

◆直営《ちょくえい》の事業《じぎょう》

※初代忠兵衛《しょだいちゅうべえ》が一九〇三（明治《めいじ》36）年《ねん》に逝去《せいきょ》するまでに、直営《ちょくえい》した事業《じぎょう》をまとめたものです。

持《も》ち下《くだ》り卸売業《おろしうりぎょう》
一八五八（安政《あんせい》5）開業《かいぎょう》

紅忠《べんちゅう》（大阪《おおさか》）
一八七二（明治《めいじ》5・1）開店《かいてん》
呉服太物卸売《ごふくふともおろしうり》

縮緬問屋《ちりめんどんや》（京都《きょうと》）
一八八二（明治《めいじ》15）開店《かいてん》
一八八三、羽田治平《はねだじへい》に贈与《ぞうよ》、
〇《まるべに》羽田商店創始《はねだしょうてんそうし》

〇紅《まるべに》伊藤本店《いとうほんみせ》
一八八四（明治《めいじ》17・1）改称《かいしょう》
関東呉服卸売《かんとうごふくおろしうり》

□紅《かくべに》伊藤京店《いとうきょうみせ》（京都《きょうと》）
一八八四（明治《めいじ》17）開店《かいてん》
染呉服《そめごふく》、西陣御召類卸売《にしじんおめしるいおろしうり》

□紅《かくべに》伊藤染工場《いとうそめこうじょう》（京都《きょうと》）
一八九七（明治《めいじ》30）設立《せつりつ》

ペ《まるべに》伊藤西店《いとうにしみせ》（大阪《おおさか》）
一八八六（明治《めいじ》19）開店《かいてん》
各国羅紗輸入卸《かっこくらしゃゆにゅうおろし》

日本雑貨貿易商社《にほんざっかぼうえきしょうしゃ》
一八九一（明治《めいじ》24・9）設立《せつりつ》
雑貨類《ざっかるい》の対米輸出《たいべいゆしゅつ》
一八九二、日本雑貨貿易商会《にほんざっかぼうえきしょうかい》に改称《かいしょう》

◇J共算商業組合《きょうさんしょうぎょうくみあい》伊藤外海組《いとうそとみぐみ》
一八九三（明治《めいじ》26・10）改組《かいそ》

合名会社《ごうめいがいしゃ》伊藤外海組《いとうそとみぐみ》
一八九五（明治《めいじ》28・10）改組《かいそ》
同年《どうねん》、譲渡《じょうと》・解散《かいさん》

〇糸《まるいと》伊藤糸店《いとういとみせ》（大阪《おおさか》）
一八九三（明治《めいじ》26・1）開店《かいてん》
内外綿糸卸売《ないがいめんしおろしうり》

日東合資会社《にっとうごうしがいしゃ》
一八九六（明治《めいじ》29）設立《せつりつ》
綿花《めんか》、絹織物輸入《きぬおりものゆにゅう》・綿糸輸出《めんしゆしゅつ》

日東綿糸株式会社《にっとうめんしかぶしきがいしゃ》
一八九七（明治《めいじ》30・12）改組《かいそ》、
一八九八、解散《かいさん》

日東洋行《にっとうようこう》
一八九八（明治《めいじ》31）設立《せつりつ》

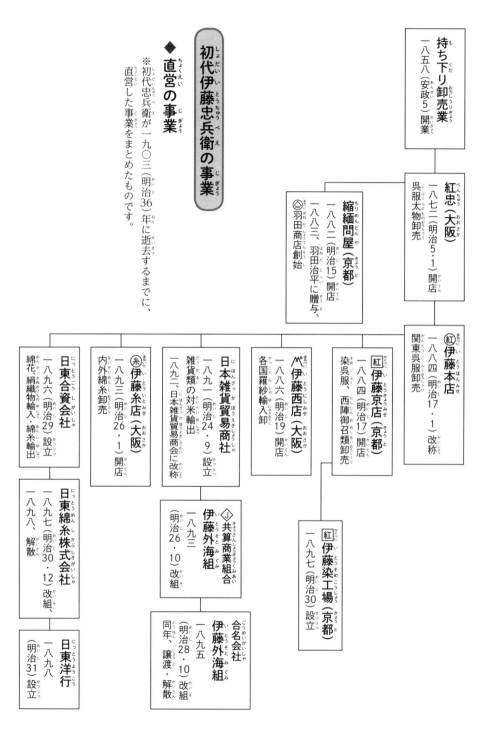

初代伊藤忠兵衛《しょだいいとうちゅうべえ》の事業《じぎょう》

◆関係《かんけい》した事業《じぎょう》

※初代忠兵衛《しょだいちゅうべえ》が一九〇三（明治《めいじ》36）年《ねん》に逝去《せいきょ》するまでに、関係《かんけい》した事業《じぎょう》をまとめたものです。

会社名《かいしゃめい》	設立年月《せつりつねんげつ》	設立時資本金《せつりつじしほんきん》	本社所在地《ほんしゃしょざいち》	補足《ほそく》
大阪製紙《おおさかせいし》 株式会社《かぶしきがいしゃ》	一八八四（明治《めいじ》17・12）	10万円《まんえん》	大阪《おおさか》	設立《せつりつ》に参加《さんか》（一九〇六・中之島製紙《なかのしませいし》となる）
関西貿易《かんさいぼうえき》 株式会社《かぶしきがいしゃ》	一八八七（明治《めいじ》20・5）	25万円《まんえん》	京都《きょうと》	設立《せつりつ》に参加《さんか》
川崎造船所《かわさきぞうせんじょ》	一八八七（明治《めいじ》20）改称《かいしょう》	〈川崎正蔵氏《かわさきしょうぞうし》の個人経営《こじんけいえい》〉	神戸《こうべ》	出資者《しゅっししゃ》の組員《くみいん》に参加《さんか》（一八九六・株式会社《かぶしきがいしゃ》となる）
金巾製織《かなきんせいしょく》 株式会社《かぶしきがいしゃ》	一八八八（明治《めいじ》21・8）	120万円《まんえん》	大阪《おおさか》	設立《せつりつ》に参加《さんか》
株式会社《かぶしきがいしゃ》 近江銀行《おうみぎんこう》	一八九四（明治《めいじ》27・3）	50万円《まんえん》	大阪《おおさか》	設立《せつりつ》に参加《さんか》（一八九四・専務取締役《せんむとりしまりやく》、一九〇一・頭取《とうどり》）
兵庫運河《ひょうごうんが》 株式会社《かぶしきがいしゃ》	一八九四（明治《めいじ》27・4）	35万円《まんえん》	神戸《こうべ》	設立《せつりつ》に参加《さんか》
真宗信徒生命保険《しんしゅうしんとせいめいほけん》 株式会社《かぶしきがいしゃ》	一八九五（明治《めいじ》28・3）	50万円《まんえん》	京都《きょうと》	設立《せつりつ》に参加《さんか》（一八九五・監査役《かんさやく》）
株式会社《かぶしきがいしゃ》 日本貿易銀行《にほんぼうえきぎんこう》	一八九五（明治《めいじ》28・10）	150万円《まんえん》	神戸《こうべ》	設立《せつりつ》に参加《さんか》（一八九五・監査役《かんさやく》）
日本貿易倉庫《にほんぼうえきそうこ》 株式会社《かぶしきがいしゃ》	一八九六（明治《めいじ》29・2）	150万円《まんえん》	神戸《こうべ》	設立《せつりつ》に参加《さんか》
株式会社《かぶしきがいしゃ》 起業銀行《きぎょうぎんこう》	一八九六（明治《めいじ》29・3）	200万円《まんえん》	京都《きょうと》	設立《せつりつ》に参加《さんか》（一八九六・取締役《とりしまりやく》）
湊川改修《みなとがわかいしゅう》 株式会社《かぶしきがいしゃ》	一八九七（明治《めいじ》30・6）	100万円《まんえん》	神戸《こうべ》	設立《せつりつ》に参加《さんか》

その他《ほか》
一八九一（明治《めいじ》24・5）滋賀県豊郷村《しがけんとよさとむら》 村長《そんちょう》になり、河南高等小学校《かわなみこうとうしょうがっこう》〈実業補習学校《じつぎょうほしゅうがっこう》 付設《ふせつ》〉の設立《せつりつ》を計画《けいかく》する〈明治《めいじ》26・2退任《たいにん》〉
一八九二（明治《めいじ》25）西本願寺《にしほんがんじ》の勘定役《かんじょうやく》になる
一九〇一（明治《めいじ》34・6）財団法人大日本仏教慈善会《ざいだんほうじんだいにっぽんぶっきょうじぜんかい》の設立《せつりつ》にあたり、申請人総代《しんせいにんそうだい》となり、同財団設立後《どうざいだんせつりつご》、評議員《ひょうぎいん》になる

初代《しょだい》 伊藤忠兵衛《いとうちゅうべえ》 年表《ねんぴょう》

※一八七二（明治《めいじ》5）年《ねん》までは、旧暦表記《きゅうれきひょうき》となっています。

西暦《せいれき》	元号《げんごう》	主《おも》なできごと
一八四二年《ねん》	天保《てんぽう》13	7月《がつ》、近江国犬上郡八目村《おうみのくにいぬかみぐんはちめむら》（現《げん》・滋賀県犬上郡豊郷町八目《しがけんいぬかみぐんとよさとちょうはちめ》）に、五代目伊藤長兵衛《ごだいめいとうちょうべえ》の次男《じなん》として生《う》まれる。
一八五三年《ねん》	嘉永《かえい》6	兄《あに》・万治郎《まんじろう》（後《のち》の六《ろく》・八代目伊藤長兵衛《はちだいめいとうちょうべえ》）に従《したが》って、五僧村《ごそうむら》・保月村《ほうづきむら》（現《げん》・犬上郡多賀町《いぬかみぐんたがちょう》）へ行商《ぎょうしょう》に出《で》る。
一八五八年《ねん》	安政《あんせい》5	5月《がつ》、母方《ははかた》の叔父《おじ》・成宮武兵衛《なるみやぶへえ》とともに大坂《おおさか》、泉州《せんしゅう》、紀州《きしゅう》へ近江麻布《おうみまぶ》の初《はつ》の「持《も》ち下《くだ》り商《あきな》い」を行《おこな》う。 ※伊藤忠商事《いとうちゅうしょうじ》と丸紅《まるべに》は、この年《とし》を創業《そうぎょう》の年《とし》としている。
一八五九年《ねん》	安政《あんせい》6	5月《がつ》、西国持《さいごくも》ち下《くだ》り商《あきな》いに出《で》る。山陽諸国《さんようしょこく》、馬関《ばかん》（下関《しものせき》）を経《へ》て、長崎《ながさき》まで足《あし》を延《の》ばした。
一八六〇年《ねん》	万延《まんえん》1	5月《がつ》、初《はじ》めて独力《どくりょく》で持《も》ち下《くだ》り商《あきな》いを行《おこな》う。売《う》り子《こ》として小川又七《おがわまたしち》・丸橋清平《まるはしせいべい》を伴《ともな》う。
一八六一年《ねん》	文久《ぶんきゅう》1	九州北部《きゅうしゅうほくぶ》を商《あきな》い場《ば》（商圏《しょうけん》）とする近江商人《おうみしょうにん》の同業組合組織《どうぎょうくみあいそしき》「栄九講《えいくこう》」に参加《さんか》。

日本《にほん》（世界《せかい》）のできごと

一八五三年《ねん》
アメリカ合衆国《がっしゅうこく》のペリー艦隊《かんたい》が浦賀《うらが》に来航《らいこう》。

一八五八年《ねん》
日米修好通商条約調印《にちべいしゅうこうつうしょうじょうやくちょういん》。

一八六〇年《ねん》
桜田門外《さくらだもんがい》の変《へん》が起《お》きる。

一八六一年《ねん》
アメリカで南北戦争《なんぼくせんそう》が起《お》きる。

西暦《せいれき》	元号《げんごう》	主《おも》なできごと
一八六二年《ねん》	文久《ぶんきゅう》2	関東呉服《かんとうごふく》（八王子《はちおうじ》および甲州産《こうしゅうさん》の絹織物類《きぬおりものるい》）の取《と》り扱《あつか》いを開始《かいし》。9月《がつ》、父《ちち》・五代目長兵衛《ごだいめちょうべえ》が死去《しきょ》し、兄《あに》・万治郎《まんじろう》が六代目長兵衛《ろくだいめちょうべえ》を襲名《しゅうめい》する。
一八六六年《ねん》	慶応《けいおう》2	6月《がつ》、持《も》ち下《くだ》り商《あきな》い先《さき》の博多《はかた》から馬関《ばかん》（下関《しものせき》）に戻《もど》る船上《せんじょう》より、小倉《こくら》から門司田《もじた》ノ浦《うら》へと進軍《しんぐん》する幕府軍《ばくふぐん》を目撃《もくげき》。その後《ご》、第二次長州征討《だいにじちょうしゅうせいとう》の火蓋《ひぶた》が切《き》られた馬関《ばかん》で売掛金回収《うりかけきんかいしゅう》に走《はし》る。10月《がつ》、四十九院村《しじゅうくいんむら》（現《げん》・豊郷町四十九院《とよさとちょうしじゅうくいん》）、藤野惣左衛門《ふじのそうざえもん》の長女《ちょうじょ》・幸《こう》（後《のち》にやゑと改名《かいめい》）と結婚《けっこん》。
一八六七年《ねん》	慶応《けいおう》3	兄《あに》・長兵衛《ちょうべえ》も地商《じあきな》いをやめ、持《も》ち下《くだ》り商《あきな》いに加《くわ》わる。
一八七一年《ねん》	明治《めいじ》4	11月《がつ》、周防国宮市《すおうのくにみやいち》（現《げん》・山口県防府市《やまぐちけんほうふし》）、市川安兵衛方《いちかわやすべえかた》にて長兵衛《ちょうべえ》と協議《きょうぎ》し、持《も》ち下《くだ》り商《あきな》いをやめ大阪《おおさか》で開業《かいぎょう》することを決《き》める。
一八七二年《ねん》	明治《めいじ》5	1月《がつ》、大阪《おおさか》・本町《ほんまち》2丁目《ちょうめ》に呉服太物卸商《ごふくふとものおろししょう》「紅忠《べんちゅう》」を開店《かいてん》。長兵衛《ちょうべえ》は博多《はかた》・新川端町《しんかわばたまち》（現《げん》・上川端町《かみかわばたまち》）に「伊藤長兵衛商店《いとうちょうべえしょうてん》」を開店《かいてん》する。忠兵衛《ちゅうべえ》、「店法《たなほう》」を制定《せいてい》（現存《げんそん》はしていない）。2月《がつ》、兄弟《きょうだい》は「義定書《ぎていしょ》」を交《か》わし、互《たが》いの営業《えいぎょう》について守《まも》るべき義務《ぎむ》を定《さだ》める。

一八六二年《ねん》
生麦事件《なまむぎじけん》が起《お》きる。

一八六三年《ねん》
薩英戦争《さつえいせんそう》が起《お》きる。

一八六四年《ねん》
第一次長州征討《だいいちじちょうしゅうせいとう》の兵《へい》が出《で》る。

一八六六年《ねん》
第二次長州征討《だいにじちょうしゅうせいとう》が起《お》きる。

一八六七年《ねん》
徳川慶喜《とくがわよしのぶ》が大政奉還《たいせいほうかん》を行《おこな》う。
王政復古《おうせいふっこ》の大号令《だいごうれい》が発布《はっぷ》される。

一八六八年《ねん》
鳥羽《とば》・伏見《ふしみ》の戦《たたか》いが起《お》きる（戊辰戦争《ぼしんせんそう》）。
五箇条《ごかじょう》の御誓文《ごせいもん》を公布《こうふ》。
明治《めいじ》と改元《かいげん》される。

一八七一年《ねん》
廃藩置県《はいはんちけん》が発令《はつれい》される。

一八七二年《ねん》
新橋《しんばし》—横浜間《よこはまかん》に鉄道《てつどう》開通《かいつう》。

一八七二〜七六年《ねん》
福沢諭吉《ふくざわゆきち》『学問《がくもん》のすすめ』刊行《かんこう》。

一八七五年《ねん》	明治《めいじ》8	8月《がつ》、大阪《おおさか》・本町《ほんまち》3丁目《ちょうめ》に新店舗《しんてんぽ》を開店《かいてん》する。店法《たなほう》に「利益三分主義《りえきさんぶんしゅぎ》」を盛《も》り込む。
一八七九年《ねん》	明治《めいじ》12	取引先《とりひきさき》に掛《か》け売《う》りから現金取引《げんきんとりひき》を勧《すす》めるようになる。
一八八二年《ねん》	明治《めいじ》15	京都《きょうと》に※縮緬問屋《ちりめんどんや》（京都《きょうと》・堺町通《さかいまちどお》り六角下《ろっかくさが》る甲屋町《かぶとやちょう》）を開店《かいてん》する。 ※翌年《よくねん》、羽田治平《はねだじへい》に譲《ゆず》られ、「(合)羽田商店《まるにはねだしょうてん》」として独立《どくりつ》。別家第一号《べっけだいいちごう》となる。
一八八四年《ねん》	明治《めいじ》17	1月《がつ》、紅忠《べんちゅう》を「(紅)伊藤本店《まるべにいとうほんみせ》」と改称《かいしょう》する。 京都《きょうと》・室町通《むろまちどお》り※四条下《しじょうさが》る鶏鉾町《にわとりぼこちょう》に「[紅]伊藤京店《かくべにいとうきょうみせ》」を開店《かいてん》し、染《そめ》呉服商《ごふくしょう》（各種染呉服《かくしゅそめごふく》の卸売《おろしうり》）を営《いとな》む。 ※一八九〇年《ねん》に、蛸薬師下《たこやくしさが》る山伏山町《やまぶしやまちょう》に、一八九五年《ねん》に、四条下《しじょうさが》る鶏鉾町《にわとりぼこちょう》に移転《いてん》。
一八八五年《ねん》	明治《めいじ》18	会議制度《かいぎせいど》を創設《そうせつ》。
一八八六年《ねん》	明治《めいじ》19	大阪《おおさか》・瓦町《かわらまち》4丁目《ちょうめ》心斎橋筋《しんさいばしすじ》に「ペ伊藤西店《まるべにいとうにしみせ》」を開店《かいてん》。洋服時代《ようふくじだい》を見越《みこ》して、この店《みせ》を拠点《きょてん》に羅紗《らしゃ》の直輸入《ちょくゆにゅう》を企《くわだ》てる。 6月《がつ》　二代忠兵衛《にだいちゅうべえ》（幼名《ようめい》、精一《せいいち》）が生《う》まれる。
一八八九年《ねん》	明治《めいじ》22	健康《けんこう》がすぐれず、本店《ほんみせ》から伊藤西店隣《いとうにしみせとなり》の控家《ひかえや》に移《うつ》り、店務《てんむ》を見《み》るように。
一八九〇年《ねん》	明治《めいじ》23	甥《おい》の外海鉄次郎《そとみてつじろう》とともに、「日本雑貨商社《にほんざっかしょうしゃ》」の株主《かぶぬし》となる。

一八七七年《ねん》
西郷隆盛《さいごうたかもり》が西南戦争《せいなんせんそう》を起《お》こし、敗《やぶ》れて死《し》ぬ。

一八七八年《ねん》
大久保利通《おおくぼとしみち》が暗殺《あんさつ》される。

一八八三年《ねん》
鹿鳴館《ろくめいかん》開館《かいかん》。

一八八五年《ねん》
伊藤博文《いとうひろぶみ》が初代内閣《しょだいないかく》総理大臣《そうりだいじん》に就任《しゅうにん》。

一八八九年《ねん》
大日本帝国憲法《だいにっぽんていこくけんぽう》の発布《はっぷ》。

一八九〇年《ねん》
第一回帝国議会召集《だいいっかいていこくぎかいしょうしゅう》。

西暦《せいれき》	元号《げんごう》	主《おも》なできごと
一八九一年《ねん》	明治《めいじ》24	5月《がつ》、第二代《だいにだい》豊郷村村長《とよさとむらそんちょう》に就任《しゅうにん》する。(〜明治《めいじ》26年《ねん》2月《がつ》) 9月《がつ》、「日本雑貨商社《にほんざっかしょうしゃ》」のサンフランシスコ支店《してん》などを買収《ばいしゅう》して、「※日本雑貨貿易商社《にほんざっかぼうえきしょうしゃ》」を設立《せつりつ》。 ※翌年《よくねん》、「日本雑貨貿易商会《にほんざっかぼうえきしょうかい》」に改称《かいしょう》。
一八九三年《ねん》	明治《めいじ》26	1月《がつ》、大阪市《おおさかし》・安土町《あづちまち》2丁目《ちょうめ》に、綿糸卸商《めんしおろししょう》「(糸)《まるいと》伊藤《いとう》糸店《いとみせ》」を開店《かいてん》。 「伊藤本店店法則《いとうほんみせたなほうそく》」を成文化《せいぶんか》する。 洋式《ようしき》の商業簿記《しょうぎょうぼき》を採用《さいよう》。 10月《がつ》、「日本雑貨貿易商会《にほんざっかぼうえきしょうかい》」を「※共算商業組合《きょうさんしょうぎょうくみあい》 伊藤外海組《いとうそとみぐみ》」に改組《かいそ》。 ※一八九五年《ねん》に、「合名会社《ごうめいがいしゃ》 伊藤外海組《いとうそとみぐみ》」に改組《かいそ》されるも、外海《そとみ》の病気《びょうき》により譲渡《じょうと》・解散《かいさん》。
一八九四年《ねん》	明治《めいじ》27	1月《がつ》、兄《あに》、六・八代目《だいめ》伊藤長兵衛《いとうちょうべえ》が逝去《せいきょ》。
一八九六年《ねん》	明治《めいじ》29	「日東合資会社《にっとうごうしがいしゃ》」設立《せつりつ》、綿花《めんか》・絹織物《きぬおりもの》を輸入《ゆにゅう》し、綿糸《めんし》を輸出《ゆしゅつ》する。 神戸《こうべ》・須磨《すま》に別荘《べっそう》を竣工《しゅんこう》、療養生活《りょうようせいかつ》に入《はい》る。
一八九七年《ねん》	明治《めいじ》30	伊藤京店《いとうきょうみせ》が、京都《きょうと》・御池通《おいけどお》り大宮西入《おおみやにしい》るに「[紅]《かくべに》伊藤染工場《いとうそめこうじょう》」を開設《かいせつ》。 12月《がつ》、日東合資会社《にっとうごうしがいしゃ》が業務拡張《ぎょうむかくちょう》のため、「※日東綿糸株式会社《にっとうめんしかぶしきがいしゃ》」に改組《かいそ》。 ※翌年《よくねん》、解散《かいさん》。「日東洋行《にっとうようこう》」と改称《かいしょう》しその跡《あと》を外海鉄次郎《そとみてつじろう》と引《ひ》き受《う》ける。

一八九四年《ねん》
日清戦争《にっしんせんそう》始《はじ》まる。

一八九八年《ねん》	明治《めいじ》31	3月《がつ》、月刊誌《げっかんし》『実業《じつぎょう》(The Business)』を発刊《はっかん》。商業学校卒業生《しょうぎょうがっこうそつぎょうせい》の採用《さいよう》を開始《かいし》。
一九〇〇年《ねん》	明治《めいじ》33	「伊藤糸店店法則《いとういとみせたなほうそく》」を制定《せいてい》する。
一九〇一年《ねん》	明治《めいじ》34	「株式会社《かぶしきがいしゃ》 近江銀行《おうみぎんこう》」の頭取《とうどり》に就任《しゅうにん》する。(~明治《めいじ》36)伊藤染工場《いとうそめこうじょう》で開発《かいはつ》を進《すす》めていた黒紋付《くろもんつき》が「緋桜《ひざくら》」の名称《めいしょう》で専売特許《せんばいとっきょ》を得《え》る。大正天皇《たいしょうてんのう》のご成婚《せいこん》の際《さい》(明治《めいじ》33)、妃殿下《ひでんか》が購入《こうにゅう》されたことで、「九重染《ここのえぞめ》」と改名《かいめい》された。また、「九重繻子《ここのえしゅす》(本店《ほんみせ》)」「九重染《ここのえぞめ》(京店《きょうみせ》)」の宣伝《せんでん》のため、呉服問屋《ごふくどんや》としては初《はじ》めての広告《こうこく》を出《だ》す。
一九〇二年《ねん》	明治《めいじ》35	伊藤京店《いとうきょうみせ》が西陣御召《にしじんおめし》を取《と》り扱《あつか》うように。取引方法《とりひきほうほう》を改《あらた》め、商品価格《しょうひんかかく》の即決《そっけつ》・現金決済《げんきんけっさい》を実行《じっこう》する。
一九〇三年《ねん》	明治《めいじ》36	第《だい》5回内国勧業博覧会《かいないこくかんぎょうはくらんかい》(3・1~7・31開催《かいさい》)に九重繻子《ここのえしゅす》などを出品《しゅっぴん》し、入賞《にゅうしょう》。7月《がつ》、逝去《せいきょ》。

一九〇四年《ねん》
日露戦争始《にちろせんそうはじ》まる。

『マンガ　初代伊藤忠兵衛《しょだいいとうちゅうべえ》』発刊《はっかん》に寄《よ》せて

伊藤忠商事《いとうちゅうしょうじ》　株式会社《かぶしきがいしゃ》
代表取締役《だいひょうとりしまりやく》　副社長執行役員《ふくしゃちょうしっこうやくいん》　ＣＡＯ　小林《こばやし》　文彦《ふみひこ》

この度《たび》は『マンガ　初代伊藤忠兵衛《しょだいいとうちゅうべえ》』の刊行《かんこう》、誠《まこと》におめでとうございます。

初代伊藤忠兵衛《しょだいいとうちゅうべえ》に関《かん》する資料《しりょう》の中《なか》で、当時《とうじ》の写真《しゃしん》やイラストについては、時代《じだい》も古《ふる》いために殆《ほとん》ど残《のこ》っておらず、これまで当時《とうじ》の様子《ようす》を視覚的《しかくてき》に想像《そうぞう》することは残念《ざんねん》ながら難《むずか》しかったと言《い》えます。しかし、この漫画《まんが》を見《み》てどうでしょう。少年期《しょうねんき》の初代忠兵衛《しょだいちゅうべえ》〈栄吉《えいきち》〉から二代目忠兵衛《にだいめちゅうべえ》（精一《せいいち》）に家督《かとく》を譲《ゆず》るまでの忠兵衛《ちゅうべえ》自身《じしん》、そして事業《じぎょう》の成長《せいちょう》の過程《かてい》が、幕末《ばくまつ》から明治維新《めいじいしん》にかけての世相《せそう》の混乱《こんらん》を背景《はいけい》として、見事《みごと》に活写《かっしゃ》されています。まるで忠《ちゅう》兵衛《べえ》がすぐそばで立《た》ち上《あ》がり、最初《さいしょ》は一人《ひとり》で、後《のち》に社員《しゃいん》と共《とも》に奮闘《ふんとう》、苦悩《くのう》、活躍《かつやく》する姿《すがた》が活《い》き活《い》きと流《なが》れるように描《えが》かれています。また、当時《とうじ》、大変《たいへん》珍《めずら》しく、貴重《きちょう》であったすき焼《や》きを一《いち》と六《ろく》の付《つ》く日《ひ》に店員《てんいん》の皆《みな》に振《ふ》る舞《ま》う「イチロクの日《ひ》」の逸話等《いつわなど》、細部《さいぶ》に亘《わた》るまで史実《しじつ》に忠実《ちゅうじつ》で、時代考証《じだいこうしょう》もしっかりとしており、何《いず》れのストーリーにおいてもリアリティーを実感《じっかん》すると共《とも》に、容易《ようい》に内容《ないよう》を咀嚼《そしゃく》することが出来《でき》ます。

本書《ほんしょ》にもあります様《よう》に、初代伊藤忠兵衛《しょだいいとうちゅうべえ》は、熱心《ねっしん》な仏教徒《ぶっきょうと》であり、「商売《しょうばい》は菩薩《ぼさつ》の業《ぎょう》、商売道《しょうばいどう》の尊《とうと》さは、売《う》り買《か》い何《いず》れをも益《えき》し、世《よ》の不足《ふそく》をうずめ、御仏《みほとけ》の心《こころ》にかなうもの」と説《と》いていました。滋賀大学宇佐美名誉教授《しがだいがくうさみめいよきょうじゅ》に拠《よ》れば、「三方《さんぽう》よし」の精神《せいしん》を最初《さいしょ》に明確《めいかく》に言語化《げんごか》した方《かた》と言《い》われております。本書《ほんしょ》により、年代《ねんだい》を問《と》わず、少《すこ》しでも多《おお》くの方々《かたがた》に、当社創業者《とうしゃそうぎょうしゃ》である初《しょ》代伊藤忠兵衛《だいいとうちゅうべえ》、及《およ》び当社《とうしゃ》が企業理念《きぎょうりねん》として160年以上《ねんいじょう》に亘《わた》り拠《よ》り所《どころ》とし、今《いま》なお新《あたら》しい商売精神《しょうばいせいしん》と言《い》える「三方《さんぽう》よし」に触《ふ》れて頂《いただ》くことが出来《でき》ましたらと願《ねが》っています。

本書《ほんしょ》の完成《かんせい》に向《む》け、ご尽力《じんりょく》を頂《いただ》きました、滋賀大学宇佐美名誉教授《しがだいがくうさみめいよきょうじゅ》、紅《べに》忠株式会社《ちゅうかぶしきがいしゃ》、そして、かわのいちろう先生他《せんせいほか》の方々《かたがた》に改《あらた》めて敬意《けいい》を表《ひょう》し、心《こころ》より感謝《かんしゃ》を申《もう》し上《あ》げます。

160年《ねん》の時《とき》を超《こ》えて受《う》け継《つ》がれる精神《せいしん》

丸紅《まるべに》 株式会社《かぶしきがいしゃ》
代表取締役《だいひょうとりしまりやく》 常務執行役員《じょうむしっこうやくいん》 古谷《ふるや》 孝之《たかゆき》

『マンガ　初代伊藤忠兵衛《しょだいいとうちゅうべえ》』の発刊《はっかん》おめでとうございます。

初代伊藤忠兵衛《しょだいいとうちゅうべえ》が持《も》ち下《くだ》り商《あきな》いを始《はじ》めた1858年《とし》を創業年《そうぎょうねん》とする丸紅《まるべに》は、祖業《そぎょう》である繊維《せんい》ビジネスを初《はじ》め、食料《しょくりょう》、化学品《かがくひん》、エネルギー、インフラなど、幅広《はばひろ》く事業《じぎょう》を手掛《てが》ける総合商社《そうごうしょうしゃ》に成長《せいちょう》しました。160年《ねん》にわたる歴史《れきし》には様々《さまざま》な転換点《てんかんてん》があり、時《とき》に大《おお》きな危機《きき》にも直面《ちょくめん》してきました。それらを乗《の》り越《こ》えることができたその根底《こんてい》には、本書《ほんしょ》の随所《ずいしょ》で描《えが》かれる、初代忠兵衛《しょだいちゅうべえ》の経営者《けいえいしゃ》としての矜持《きょうじ》から受《う》け継《つ》がれてきた精神《せいしん》があったのではないでしょうか。

丸紅《まるべに》の社是《しゃぜ》「正《せい》・新《しん》・和《わ》」は、1949年《ねん》の丸紅株式会社設立時《まるべにかぶしきがいしゃせつりつじ》の初代社長《しょだいしゃちょう》・市川忍《いちかわしのぶ》の演説《えんぜつ》に由来《ゆらい》します。丸紅独自《まるべにどくじ》の価値観《かちかん》のように見《み》えますが、本書《ほんしょ》を読《よ》み進《すす》めていくと、初代忠兵衛《しょだいちゅうべえ》の考《かんが》え方《かた》そのものであると感《かん》じられます。 持《も》ち下《くだ》り商《あきな》いを始《はじ》めて間《ま》もない忠兵衛少年《ちゅうべえしょうねん》に叔父《おじ》が「三方《さんぽう》よし」を説《と》くシーンは「正《せい》」に、世《よ》の中《なか》の情勢《じょうせい》を注意深《ちゅういぶか》く観察《かんさつ》し人《ひと》と違《ちが》うことに挑戦《ちょうせん》する忠兵衛《ちゅうべえ》の姿《すがた》は「新《しん》」に、社員《しゃいん》や家族《かぞく》、お客様《きゃくさま》、そして世《よ》の中《なか》に対《たい》して思《おも》いやりをもって接《せっ》する姿《すがた》は「和《わ》」に通《つう》じているように思《おも》えるのです。

初代忠兵衛《しょだいちゅうべえ》の時代《じだい》と現在《げんざい》とではビジネスの在《あ》り方《かた》は大《おお》きく変化《へんか》しています。しかし、１６０年《ねん》もの間変《あいだか》わらない精神《せいしん》が確《たし》かにある。これが私《わたし》たち丸紅《まるべに》を困難《こんなん》の時《とき》にも強《つよ》く導《みちび》いてきたのだということに気《き》づかされます。

本書《ほんしょ》で描《えが》かれる初代忠兵衛《しょだいちゅうべえ》は、多《おお》くの壁《かべ》にぶつかりながらも、自身《じしん》の目標《もくひょう》に邁進《まいしん》します。威厳《いげん》ある和服姿《わふくすがた》、強《つよ》いまなざしで前方《ぜんぽう》を見《み》つめる忠兵衛《ちゅうべえ》の写真《しゃしん》に慣《な》れ親《した》しんでいる私《わたし》たちの目《め》には、がむしゃらに奮闘《ふんとう》する忠兵衛《ちゅうべえ》の姿《すがた》はより身近《みぢか》に感《かん》じられるものでもありました。本書《ほんしょ》を通《つう》じ、丸紅社員《まるべにしゃいん》、そして未来《みらい》を担《にな》う子《こ》どもたちに、よりくっきりと、親《した》しみやすい形《かたち》で初代《しょだい》忠兵衛《ちゅうべえ》の精神《せいしん》を受《う》け継《つ》いでいけるようになることを、嬉《うれ》しく思《おも》います。多《おお》くの資料《しりょう》を紐解《ひもと》き、本書《ほんしょ》の制作《せいさく》にご尽力《じんりょく》された伊藤家《いとうけ》の皆様《みなさま》、滋賀大学《しがだいがく》の宇佐美先生《うさみせんせい》を初《はじ》め、関係各位《かんけいかくい》に改《あらた》めて厚《あつ》く御礼申《おんれいもう》し上《あ》げます。

あとがき

『マンガ 初代伊藤忠兵衛《しょだいいとうちゅうべえ》』の発刊《はっかん》にあたり、謹《つつし》んでご挨拶《あいさつ》申《もう》し上《あ》げます。

初代忠兵衛《しょだいちゅうべえ》の業績《ぎょうせき》を今《いま》の子《こ》どもたちに伝《つた》えていきたいと、かねてより制《せい》作《さく》を進《すす》めてまいりましたが、ようやく発刊《はっかん》の運《はこ》びとなりました。

私《わたし》が実際《じっさい》に知《し》る「伊藤忠兵衛《いとうちゅうべえ》」は、初代《しょだい》の次男《じなん》であり、私《わたし》の祖父《そふ》にあたる「二代目《にだいめ》 伊藤忠兵衛《いとうちゅうべえ》」で、私《わたし》が29歳《さい》になる一九七三年《ねん》まで存命《ぞんめい》しておりました。晩年《ばんねん》、熱海《あたみ》の別邸《べってい》で暮《く》らしていた祖父《そふ》は、私《わたし》にとっては穏《おだ》やかな好々《こうこう》爺《や》でしたが、イギリス留学《りゅうがく》について相談《そうだん》すれば、背中《せなか》を後押《あとお》ししてくれ、伊藤忠商事《いとうちゅうしょうじ》に入社後《にゅうしゃご》、私《わたし》に適《てき》した仕事《しごと》について相談《そうだん》した際《さい》には、「自分《じぶん》の能《のう》力《りょく》は自分《じぶん》で探《さが》し磨《みが》きなさい」と、いかにも独立自尊《どくりつじそん》の精神《せいしん》に富《と》んだ伊藤家《いとうけ》の人間《にんげん》らしく力強《ちからづよ》く励《はげ》ましてくれたものです。伊藤忠商事勤務中《いとうちゅうしょうじきんむちゅう》には、「会社《かいしゃ》は人《ひと》が基本《きほん》。人《ひと》を育《そだ》て、育《そだ》った人《ひと》が会社《かいしゃ》を育《そだ》てる」という、初代《しょだい》・二代目《にだいめ》の経営者《けいえいしゃ》としての考《かんが》え方《かた》を、いろいろな方《かた》から聞《き》く機会《きかい》がありました。

今日《こんにち》、広《ひろ》く知《し》られる「三方《さんぽう》よし」という伊藤忠商事《いとうちゅうしょうじ》・丸紅《まるべに》の経営思想《けいえいしそう》もまた、浄土真宗《じょうどしんしゅう》の熱心《ねっしん》な門徒《もんと》だった初代《しょだい》の〝利他《りた》の精神《せいしん》〟に端《たん》を発《はっ》するものです。

近年《きんねん》、ＳＤＧｓやサステナブル経営《けいえい》など、企業《きぎょう》の社会的責任《しゃかいてきせきにん》が増《ま》すなか、この「三方《さんぽう》よし」を経営指針《けいえいししん》とし、世《よ》の中《なか》の発展《はってん》に寄与《きよ》することで持続性《じぞくせい》を確保《かくほ》しようという企業《きぎょう》が増《ふ》えています。また、コロナ禍《か》で、進《すす》むべき方向《ほうこう》を見失《みうしな》ったり、転換《てんかん》を迫《せま》られたりした方《かた》の多《おお》くが、理念《りねん》・指針《ししん》など原点《げんてん》にいったん立《た》ち返《かえ》ることで、そのありがたみを実感《じっかん》されたのではないでしょうか。

今《いま》、コロナ禍《か》をきっかけに、産業構造《さんぎょうこうぞう》をはじめ、人々《ひとびと》の生活《せいかつ》、行動《こうどう》、考《かんが》え方《かた》などに様々《さまざま》な変化《へんか》が起《お》こりつつあります。本書《ほんしょ》『マンガ 初代伊藤忠兵衛《しょだいいとうちゅうべえ》』を通《とお》し、子《こ》どもたちはもちろん、大人《おとな》の方《かた》にも、明治維新《めいじいしん》という社会《しゃかい》の大変革《だいへんかく》に機敏《きびん》に反応《はんのう》し、自分《じぶん》で考《かんが》え、前《まえ》を向《む》いてひたむきに走《はし》り続《つづ》けた初代忠兵衛《しょだいちゅうべえ》のパワーや気概《きがい》が伝《つた》われば、幸《さいわ》いです。

二〇二三年《ねん》一月《がつ》

創業家《そうぎょうけ》 四代目《よんだいめ》
公益財団法人《こうえきざいだんほうじん》 豊郷済美会《とよさとさいびかい》 代表理事《だいひょうりじ》
伊藤忠兵衛記念館《いとうちゅうべえきねんかん》 館長《かんちょう》
伊藤《いとう》 勲《いさお》

【主な参考文献】
本書監修者・宇佐美英機氏より、「伊藤忠兵衛家・長兵衛家同族事業経営」に関する史資料を適宜提供いただき、利用させていただきました。

〔その他〕
『初代伊藤忠兵衛を追慕する—在りし日の父、丸紅、そして主人』宇佐美英機 編著（2012年、清文堂）
『丸紅 通史』（2008年、丸紅株式会社）
『私の履歴書 経済人Ⅰ』（1980年、日本経済新聞社）
『丸紅 前史』（1977年、丸紅株式会社）
『伊藤忠商事100年』（1969年、伊藤忠商事株式会社）

伊藤忠兵衛記念館のご案内

初代伊藤忠兵衛の100回忌（2002年）を記念して、初代忠兵衛が暮らし、二代忠兵衛が生まれた豊郷町の本家を整備、「伊藤忠兵衛記念館」として一般公開しています。

住　所：〒529-1168　滋賀県犬上郡豊郷町大字八目128-1
交　通：近江鉄道 豊郷駅より徒歩約5分
：名神高速道路「湖東三山PAスマートIC」より車で約20分
開館時間：10:00～16:00　**休館日**：月曜日
※不定休をいただくこともあるため、恐れ入りますが、訪問される際には事前にお問い合わせくださるようお願いいたします。
入館料：無料
駐車場：無料駐車場あり

お気軽にお越しください！

お問い合わせ先
公益財団法人 豊郷済美会
TEL　0749-35-2001　FAX　0749-46-5955
Mail　toyosato@solid.ocn.ne.jp

くれなゐ園

伊藤忠兵衛記念館のすぐ近く。初代忠兵衛の33回忌（1935年）を記念し、酬徳会（丸紅関係者で結成）がその功績を偲んで初代の生地に建設したものです。初代の肖像をはめ込んだ碑が建っています。

幕末・維新の日本を「商人道」でひらく
マンガ　**初代 伊藤忠兵衛**　伊藤忠商事・丸紅の創業者

2023年4月1日　初版発行

監　修　宇佐美 英機（滋賀大学名誉教授）
編　著　紅忠 株式会社
作　画　かわの いちろう

発行者　税所 貴一
発行所　株式会社 どりむ社
〒530-0045 大阪市北区天神西町8-17　電話 06-6313-8001（代表）

印刷所　株式会社シナノパブリッシングプレス

ISBN978-4-925155-91-5